すべての知識を「20字」で
まとめる 紙1枚！独学法

一页纸学习法
将知识转化为成果

[日]浅田卓◎著　包立志◎译

北京时代华文书局

图书在版编目（CIP）数据

一页纸学习法 /（日）浅田卓著；包立志译 .— 北京：北京时代华文书局，2020.3
（2024.1 重印）
ISBN 978-7-5699-3398-7

Ⅰ.①一… Ⅱ.①浅…②包… Ⅲ.①学习方法 Ⅳ.① G442

中国版本图书馆 CIP 数据核字 (2019) 第 285273 号

Subete No Chishiki Wo'20Ji'De Matomeru Kami1mai!Dokugakuhou
Copyright © 2018 Suguru Asada
Originally published in Japan by SB Creative Corp.
Chinese (in simplified character only) translation rights arranged with SB Creative Corp., Tokyo through CREEK & RIVER Co., Ltd.
All rights reserved.
北京市版权局著作权合同登记号 字：01-2019-3262

拼音书名 | YI YE ZHI XUEXIFA

出 版 人 | 陈　涛
策划编辑 | 周　磊
责任编辑 | 周　磊
责任校对 | 徐敏峰
装帧设计 | 元明设计　迟　稳
责任印制 | 訾　敬

出版发行 | 北京时代华文书局 http://www.bjsdsj.com.cn
　　　　　北京市东城区安定门外大街 136 号皇城国际大厦 A 座 8 层
　　　　　邮编：100011　电话：010 - 64263661　64261528
印　　刷 | 河北京平诚乾印刷有限公司　010-6247905
　　　　　（如发现印装质量问题，请与印刷厂联系调换）
开　　本 | 880 mm×1240 mm　1/32　　印　张 | 8　　字　数 | 168 千字
版　　次 | 2020 年 10 月第 1 版　　　　印　次 | 2024 年 1 月第 6 次印刷
书　　号 | 145 mm×210 mm
定　　价 | 48.00 元

版权所有，侵权必究

A

　　由于这本书抓住了工作的本质，烦请广大读者一定要试着读一下。

B

　　如果用一句话来概括这本书中提到的所谓"时间管理"的本质，那就是"如何才能确保时间的集中利用"。当你读完本书后，就会切实体会到管理时间的重要性，对于脑力劳动者而言，甚至可以说"管理时间=管理工作"。

　　那么，上述两段话究竟哪段更能打动你呢？更能激起你阅读的欲望呢？

　　在读完同一本书后，人们的理解和看法竟然存在这么大的差异，真令人觉得不可思议。

　　究其原因，主要是两者之间在"学习方法"方面存在明显的差异。

序言
为什么学到的知识无法马上活学活用呢?
——推荐"一页纸运行体系"(One Sheet Running System)

我对大家抽出宝贵的时间阅读本书表示衷心的感谢!

如果你是经常阅读商务类书籍或者参加研讨会的商界精英,那么,肯定会对标题中提到的这种烦恼深有体会。

"每天都忙着学这学那,虽然表面上学了不少东西,但是,却总感觉用不到实际工作中……"

或者在学习的时候根本就不关心学到的东西将来是否能运用到工作中,"只是单纯地喜欢或热衷于通过读书、学习网络课程、参加培训和听讲座等方式来学习"。可以说,在现实生活中,这样的读者为数不少。

当今社会,还有许多人之前并没有养成自学的习惯,但是,却莫名其妙地产生了恐慌感,觉得"时代在不断地变化发展,如果总是不学习的话,就会陷入落后的窘境",因此,才特意过来读我这本书,想要从中找到解决问题的答案。

大家读这本书可能是出于"工作需要""喜欢学习""在即将到来的新时代中，如果没有养成好的学习习惯就会被淘汰"等动机，实际上，这些主观意愿并不是关键问题。

归根结底，==我们真正希望实现的是将"学习成果"充分地"运用到工作中"==。

关于这一点，我想每位读者朋友都会给予理解和赞同。

本书将重点介绍"极具启发性的思维方式"和"超级实用的学习方法"，以便帮助大家实现这一目的。

- 本来是想学以致用的，结果并没有发挥任何作用，只是"白白浪费了时间"而已……
- 光是想着"轻松快乐=消费性学习"，完全没有"充分运用到工作中=投资性学习"的概念……
- 总是觉得"既然无论如何都要学习"，那就试着读读书吧！但是，读了一遍什么都没记住……

许多商务人士都和你一样，面临着上述困扰，并且积极努力试图改变这种状况，但是，目前几乎难以看到有效解决这些问题的书籍。

究其原因，主要是因为针对与学习相关的根深蒂固的错误概念，缺乏明确的解释说明。

关于学习的典型误解，主要包括以下三种：

关于学习的典型误解①：自己学过的知识必须全都背下来。

→如果将学习的目的定性为服务于工作，那么就"不需要全部记下来，只需要记住与自己工作相关的重点内容就可以了"。

关于学习的典型误解②：拼命学习=只要死记硬背、机械输入就可以了。

→真正理解"输入（INPUT）的目的是输出（OUTPUT）"，是在工作中充分发挥学习成果作用的基本前提。

关于学习的典型误解③：学习是为了自己。

→如果想在工作中充分发挥学习成果的作用，就应该牢固树立"为了他人学习"的观念，这才是至关重要的。

针对这些误解，与"费尽心思思考能不能理解"相比，更重要的是"能不能切实做到"，这是解决问题的关键所在。

在日常工作中，你能在多大程度上坚持习惯，并彻底执行呢？

虽然口口声声表态说"明白了""知道了",但是,"一提到能不能做到,就感到心里没有底"。

本书的宗旨就是针对学习中出现的这种情况,帮助大家从意识层面做出改变。

具体而言,就是希望帮助大家掌握"能够充分运用到工作中的三种学习方法"。

首先,第一篇介绍的是"初级方法:输入(INPUT)"。

许多商务人士在采用输入式学习方法时,都会遇到一个令人困扰的烦恼,那就是"学到的东西很快就忘了",在第一篇中,我们将集中精力解决这一问题。

"无论到什么时候,都能记住输入的知识"。

这是第一篇中传授的学习方法的最终目的。

在接下来的第一章中,将向大家明确"容易导致学习内容遗忘的三个原因"。

然后,在第二章中,将介绍应对三大原因的秘诀——"一页纸"框架的编辑方法和使用方法。

在这里突然抛出"一页纸"框架这一关键词,显得有些突兀。

在本书中,我能教给大家的学习方法其实非常简单,就是通过制作"一页纸"来解决问题。虽说如此，还是抓住了许多值得大家借鉴的优点。

"一页纸"学习法可以在工作中充分发挥作用。我们将这种方法命名为"一页纸运行体系"，并在本书中首次对外进行了披露，以飨广大读者。

其次，在第二篇介绍的"中级方法：输出（OUTPUT）"中，将"为什么学过之后没有发挥任何作用"作为主题。

"学了就觉得满足了"，之后没有发挥任何作用就草草了事。

这样一来，不管输入多少知识，也无法在工作和生活中灵活运用。

关于这一点，可能比第一篇更能戳到大家的"痛处"。

那么，究竟怎么做才能实现"运用型"学习呢？

在第三章中，将对"运用"这个词进行简单的定义，想必可以回答你心中关于"运用这个词究竟是什么意思？"的疑问。

通过论述可以清楚地阐释这个概念，正因如此才有利于大家更加明确地进行预判，并准确地采取行动。

可以说，第四章内容是对第三章所述理论的实践应用。

所谓"运用型"学习方法只需要制作"一页纸"就可以了，希望大家能够认真学习并掌握这种百试不爽的方法。

正因为已经理解并实际应用了"初级方法"的内容，才能达到融会贯通的效果。关于第二个"一页纸"框架，请在第二篇的"中级方法"中仔细体会领悟。

最后，在熟练掌握"初级方法"和"中级方法"中的"一页纸"学习法后，我们该进入终极篇——第三篇"秘诀：贡献（CONTRIBUTION）"。

在第五章中，将就"为什么无法将所学的知识充分运用到工作中"这一问题，展开深入的分析挖掘。

可以说，第三篇是真正的"秘诀"。

正如字面意思所表达的那样，这个部分将深入研究不为人知的"秘诀"。具体而言，就是触及作为"学习观"前提的"工作观"。

这样一来，无论是谁都会发自内心地感到认同，觉得"确实如此"，从而恍然大悟地体会到工作中的"某种本质"。

在此基础上，第六章将向大家介绍可以灵活运用到工作中的学习方法的"秘诀"——也就是"一页纸"的基本格式。

本章中推荐的应该去做的事项只需要写"一页纸"就可以解决了，显得有些简单。虽说如此，如果广大读者在实践中应用后，能够给予积极的反馈，觉得"按照这种简单的方法，竟然能在实践中取得如此理想的效果"，我就感到心满意足了。

上述内容就是学习本书中着力构建的"一页纸运行体系"的大体流程。

当然，关于详细内容，将在后面的正文中进行介绍说明。在这里只是埋下伏笔，简要地向大家介绍一下这种学习方法是在怎样的世界观下构建的。

那么，在本书中，为什么没有将"学习方法"看成单一的"手段"，而是将其视为综合的"体系"呢？

这是因为如果大家按照本书的顺序由浅入深地理解相关内容，并积极进行实践，就会自然而然地掌握学以致用的学习方法的本质。

就算是那些最开始看起来与自己风马牛不相及的内容，在经过一步一步地学习后，只要保持足够的耐心，无论是谁都可以达到领悟其精髓的水平。

本书就是在这种"系统=体系=机制"的框架下构建起来的。

关于这一点,我最初的原生经验[①]是在大学入学考试的时候。

当时,我各门课程学得都不太好,但是,幸运的是遇到了好的考试参考书,结果好几门课程都拿到了不错的分数,最终顺利通过了考试。

虽然最开始的时候,我各门课程的底子都很薄,但是,只要按照顺序从第一页开始认真地学习、理解、体会、应用,就可以将劣势科目转变为优势科目,实现飞跃式的突破。

在优秀的考试参考书中,蕴藏着改变人生的巨大力量。

之后,在毕业就业时,我又一次感受到这一规律的神奇魔力。

虽然当时日本国内经济不景气,整个社会都处于就业难的大环境中,但是,我却幸运地发现了一本就业指导宝典,结果顺利地敲开了丰田汽车株式会社(下文简称为"丰田")的大门,正式成为一名打工族。

无论是考试参考书也好,就业指导宝典也好,虽说内容都很

---

① 原生经验,是指人生尚未定型时产生的对未来生活造成重要影响的经验。

"高大上"，但仔细思考起来，我们要做的无外乎就是在"一页纸"中不断地书写自己的人生而已，并没有什么遥不可及之处。

在备考的时候也是这样，每天要做的都是简单的事。正因为如此，大家才能一直坚持下去。但是，从另一个角度来看，如果所做的事情本身就没有任何意义，那么，无论怎么积累，都无法从量变发展为质变，最终很可能是徒劳无功，陷入竹篮打水一场空的窘境。

只有在符合客观规律的体系中不断努力，才能取得理想的结果。

在学生时代学习柔道的过程中，我也遇到了类似的情况。

与武术和艺术的"模式"相同，好的学习内容也包括两个基本条件。

第一个条件是具有"与本质相符合的系统=体系=机制"；

第二个条件是可以通过"简单的模式=动作"进行实践。

我用"一页纸"总结了丰田的工作模式，在第二章中将进行详细叙述。

在我换工作的关键时候，毕业找工作时养成的"制作一页纸"的习惯再次发挥了作用。

后来，我独自创业，将"制作一页纸"的习惯当成了一项商务技巧，并构建了体系框架，开始经营成人教育培训工作。

考试、就业、转职、创业……在这一系列人生的重要节点中，我数次用到"制作一页纸的简单习惯=模式"，并发挥了关键的作用。毫不夸张地说，"制作一页纸"甚至是挽救了我的一生。

在这种原生经验的支配下，无论什么主题，都可以通过"制作一页纸"来学习、理解和实践。我已经掌握了这种学习方法和技巧。

我之前付梓的四本书都是基于这种学习方法创作的。

在此之前，我出版的书籍展示的一直是"学习成果"。但是，在创作本书的过程中，我转变了理念，直接对外公开了"学习方法本身"。

由于这本书的内容与以往的书完全不在同一维度上，因此，一想到广大读者朋友能够读到这本书，我的内心就充满了自豪和激动。

虽说如此，我在公开出版这本书时的基本立场与以往相比并没有改变。

序言

那就是创作一本在该领域"开启先河的专业书籍",同时,打造一本堪称未来同类题材"模板和典范的经典作品"。

在创作本书时,我给出的定位就是力争成为"成人进修和工作学习、自修、自学"领域的教科书。希望广大读者通过阅读本书,得到一些"与以往完全不同的新鲜体验和知识"。

还有一点,我真心希望广大读者朋友能够像我的亲身经历那样,通过这本书学到"改变人生的秘诀",若能如此,我将欣慰无比!

如果大家对本书的内容有任何思考和反馈,请随时与我联系,我将不胜感激!

下面,让我们期待在正文中再次相见吧!

一页纸学习法

第一篇 "初级方法"：输入（INPUT）

第一章 明明是学习过的内容，为什么很快就忘记了呢？

学过的绝大部分内容都会忘记 / 5

"学"而非"学" / 7
不使用未经自己语言组织的内容 / 10
总是记不住拖沓冗长的内容 / 13

第二章 通过制作"一页纸"轻松实现的"20个字输入学习法"是什么？

如果允许使用20个字的话，无论遇到什么事情都能总结概括出来 / 21

在丰田学到的概括提炼能力 / 24
在丰田学到的"写材料必须遵守的三个基本条件" / 26
洞察事物"本质"的分析思考是指什么？ / 30
分析梳理时需要的只是纸和笔而已 / 34
20个字输入学习法：实例1 / 37

目录

01 明确目的 / 44
切记带着"目的"去读书 / 47
02 提炼关键词 / 48
重点：在10分钟以内提炼出关键词的秘诀 / 50
03 用红笔分组 / 51
用20个字的一句话来归纳总结 / 53
20个字归纳总结的诀窍 / 58

20个字输入学习法：实例2
从多本书中提炼总结出适合个人特色的本质 / 59

不应执拗于寻找唯一的答案，而应思考适合个人特色的答案 / 61
与"是否正确"相比，"是否有用"才是更重要的 / 66

20个字输入学习法：实例3
通过20个字输入学习法提升个人教养 / 68

通过历史书洞察本质 / 70
积累独具自身特色的归纳总结模板 / 73
为什么现在要通过学习提升个人教养呢？ / 74
教养将成为一个人的"立身之本" / 76

一页纸学习法

第二篇 "中级方法"：输出（OUTPUT）

 **提升输出能力的"学习方法"**

深刻理解把握学习内容，
确保被人提问时可以阐明自己的观点 / 83

作为"输出"高手，我在丰田工作时的上司，"提问方式"也与众不同！ / 84
为什么精英们回答问题的能力高人一筹呢？ / 87
解释能力对工作成绩评价具有决定作用 / 89
有助于"理解"的三个疑问词 / 90
通过"What？""Why？""How？"进行分析总结 / 92
为人称道的思考总结是指什么？ / 94
对"理解"的状态进行管理 / 95
真正理解"2W1H"的内涵 / 96

4

目录

第四章 **从多种学习方法中脱颖而出的"3Q 输出学习法"是什么?**

3Q 输出学习法：实例 1
如果能回答三个疑问，很快就能做出解释说明 / 103

01 编写三个疑问句 / 110
02 填写问题答案 / 112
03 完成20个字输入学习法 / 118
重点：填写框架图时的注意事项 / 121

3Q 输出学习法：实例 2
将大部头著作的内容与行动紧密联系起来 / 125

归纳法的流程 / 127
为了避免出现"读了就算完事了"的想法 / 130
大多数的书都是无法转化为有效性行动的纸面文章 / 131
"具体应该怎么做？"要与动作的效果相关联 / 135

3Q 输出学习法：实例3
无论是只读书的一部分也好，还是"缺乏目的性"地读书也好，都要将"学习"看成自己的事情 / 137

"缺乏目的性"地读书也可以总结成"一页纸"，并用语言表达出来 / 139
输出的实例 / 141

5

一页纸学习法

第三篇 "秘诀"：贡献（CONTRIBUTION）

第五章 为什么无法将学习成果充分运用到工作中？

助推事业成功的不可或缺的学习是什么？ / 151

为什么无法将学到的知识充分运用到工作中呢？ / 152
营业额究竟是由谁创造的呢？ / 156
我们究竟是为什么而工作呢？ / 157
工作的本质究竟是什么呢？田坂广志的理论 / 159
你究竟为谁而工作？ / 167
为什么学到的知识无法转化成财富？ / 169
为他人做贡献型的学习是什么？ / 171

第六章 传授秘诀！在工作中充分发挥作用的"一页纸贡献学习法"是什么？

一页纸贡献学习法：实例1 / 175

01 回答三个问题 / 182
02 填入关键词进行归纳总结 / 185

6

目录

03 归纳总结"3Q" / 187
试着传播自己学到的知识 / 190

一页纸贡献学习法：实例 2
通过学习提升团队成员的工作能力和效率 / 193

是否可以将作者的语言转换成自己的话呢？ / 195
自由填写"3Q"的内容 / 200
能够调动对方积极性的关键 / 202
最后的实例 / 208

终章 找回"求知欲驱动"型学习的初心

学习的初心 / 213
后 记 / 221

练习

练习1：20个字输入学习法的框架图 / 225
练习2：3Q输出法的框架图 / 227
练习3：一页纸贡献学习法的框架图 / 229

第一篇
"初级方法"：输入
（INPUT）

第一章

明明是学习过的内容，为什么很快就忘记了呢？

学过的绝大部分内容都会忘记

我想先提一个问题，在你的学习经历中，是不是也曾经有过如获至宝的时刻？你会觉得在工作或者个人兴趣和爱好方面得到了极大的满足，比如"这本书写得真是太好了！""太令人激动了！我还是第一次参加这么令人感到兴奋的研讨会""这本书的内容堪称经典，甚至可以改变我的人生！"等。

如果有这样的经历，我想再接着问一下。

你还记得当时的具体情形和主要内容吗？你都学到了什么呢？你究竟关注了哪些地方呢？

我之前曾经做过企业培训和组织研讨会[①]等工作，对超过8 000名企业家和职员进行过商务技能培训，我的作品累计发行量已经达到了35万部以上。在日常生活和工作中，我有许多机会接触到各种不同背景的商务人士。

[①] 由几个人进行密集讨论的集会，一般要求举办小组全体会议，就专项问题或任务进行讨论。参加者旨在交流知识、技能以及对问题的见解。讨论会的特点是面对面地交流，使所有与会者充分参与。

因此，我曾经试着向许多人提过刚才提到的问题，但是，令人遗憾的是，大多数人只是记得书名、讲座人姓名或者方法的名称，很难再回忆起比这更多的信息和具体细节了。

也就是说，<mark>到了后来，大家几乎都忘了当时究竟学过些什么了。</mark>

你是不是也对这一点深有体会呢？

虽说如此，大家可能会觉得"每个人或多或少都存在同样的问题"，因此，并没有当成突出的问题给予充分重视。

但是，本书的主题是"将学习到的知识充分运用在工作中，也就是所谓的学以致用"。

如果只是"当初拼尽全力去学习，后来却忘得一干二净"，就会陷入"学而不思则罔"的窘境，甚至根本没有到达将所学知识应用于实践的起跑线。

那么，究竟为什么会出现这种半途而废的现象呢？

一直以来，无论是作为一名学生或者作为一名传道授业的老师，我都在不断地探寻这一问题的答案。在这一过程中，我逐渐总结出了以下三点原因。

"学"而非"学"

第一个原因是深受时代风气的影响。

由于人们普遍希望简明扼要地表述问题，因此，无论遇到什么事，往往都会用一句话进行概括。也就是说，当今社会处于一个将"学习"变成了"消费"的时代。

特别是在进入21世纪以后，绝大多数电视节目都着了魔似的热衷于"学习要素"，总是觉得"这些内容早晚会派上用场"，一旦缺少了就很难得到支持，从内容上就通过不了审查。

那些"只是搞笑的"综艺节目逐渐被淘汰，只剩下一些"既有综艺元素又能学到知识"的现场问答类益智游戏、新闻时评以及资讯类节目。

近年来，钻石社出版的百万级畅销书《被讨厌的勇气》[①]在日本被翻拍成电视剧，搬上了荧屏，可以说这是"娱乐学习化"的一个典型实例。

如果你是有时间和精力看电视的读者，肯定会比较容易接受

[①] 《被讨厌的勇气》的作者是日本的岸见一郎和古贺史健。该书讲述了如何能够在繁杂的日常琐碎和复杂的人际关系中用自己的双手去获得真正的幸福。该书日文版的出版社为钻石社。

这种"电视节目内容教育化"的潮流。

此外，在互联网上流传着大量的教人们学习的文档和动画，就好像泛滥的信息洪流一样充斥在我们的生活中，几乎涵盖了可能遇到的所有问题。

在这种环境下，学习的门槛就变得越来越低，令人觉得学习像喝水一样简单轻松。

这样一来，学习这种行为本身的价值就会变得越来越低，逐渐沦为简单的消费性行为。

当你突然问一个人"三天前的晚上你吃了什么晚餐"的时候，恐怕一大半以上的人都想不起来了。

就算在吃的时候感到菜品非常美味，连声称赞"太好吃了"，只要这种行为属于消费性的，记忆也只能保持很短的时间，甚至会在瞬间消失。

那么，如果我们将刚才的问题改成"三天前你学习了什么"，情况会发生怎样的变化呢？

我想答案很可能是当时满足了自己的欲望和需求，感到非常充实，但是一转身就会忘得一干二净。

在学习变成了一种消费行为的时代中，人们的主流价值观逐

第一章
明明是学习过的内容，为什么很快就忘记了呢？

渐变为"记不住学到的内容是理所当然的"，对于这一点，我们毫无办法。

因此，我们就会产生一种先入为主的观念，认为自己就生活在这样一种学习环境中。结果在不知不觉间，自然而然地形成"学习=消费"的观念。如果总结起来，我认为大家之所以会忘记学习，就是因为将学习当成了一种消费行为的缘故。

通过这样的分析之后，我想读者朋友们肯定能够发现解决问题的方法。

如果用一句话来概括，那就是"从'消费型'学习观向'投资型'学习观转变"。

也就是说，不要去被动满足一时需求，而应该设定明确的目的，并为达成目的主动学习。实现"投资型"学习的关键在于"明确目的"。

在第二章的实践方法中，将对这一关键词进行框架化处理，并充分运用。

接下来还将陆续提出一些关键词，因此，请大家保持耐心，逐个认真体会理解相关内容。

不使用未经自己语言组织的内容

为什么我们总是容易忘记学习过的内容呢?

第二个原因是"没有经过认真地思考分析"。换句话来说,就是"没有做到边思考、边分析、边学习"。

总结起来,就是对学者、专家讲的话缺乏分辨能力,囫囵吞枣地全盘接受。

受这种学习风格的影响,人们不可能保持对事物深刻持久的记忆。

之前我曾经问过一位爱好读书的讲座听众:"哪本书真正改变了你的人生?"

他回答说是管理学大师彼得·德鲁克[①]的著作《卓有成效的管理者》(钻石社出版)。

于是,我接着问他:"你具体学到了什么东西呢?"

结果他光是回答一些表面的虚话,根本没说出实质内容,比如,"学到了工作的本质""总之就是学到了很多东西""推荐你也

---

① 彼得·德鲁克(Peter F. Drucker,1909—2005),被誉为现代管理学之父,其著作影响了数代追求创新以及最佳管理实践的学者和企业家们,各类商业管理课程也都深受其影响。彼得·德鲁克生于维也纳,祖籍为荷兰,后移居美国。

第一章
明明是学习过的内容，为什么很快就忘记了呢？

读一下，绝对不会失望的"等。

总之，看起来根本没有认真读过的迹象。

实际上，我也是德鲁克的粉丝，曾经数次读过《卓有成效的管理者》这本书。因此，我决定换一种提问方式，再次和他进行交流，具体对话内容如下：

我问道："我非常喜欢第二章关于时间管理的话题，你知道这是为什么吗？"

他附和说："嗯，我觉得你是一个非常了解时间的人，在这方面非常有发言权！"

确实，第二章的标题是"掌握自己的时间"，但是，实际上他并没有认真地听到最后。

令人感到遗憾的是，他对第二章具体讲了哪些内容根本不了解，"几乎完全没记住"。

由于觉得这本书是经典著作，因此，在读的时候，心里肯定会产生一定程度的兴奋和激动。但是，一被问到书里到底讲了哪些具体的内容，却完全没有印象了。

这种人在读书时，"光是想着死记硬背作者独特的语言"，不会主动地学习记忆，结果根本吃不透书里的关键词，更不用说按照自己的理解进行重构，并用自己的语言表达出来了。

就像这次一样，我已经主动给他解围了，但是他绞尽脑汁充其量也只能想起书中的关键词而已。并且，对于这些作为宝贵经验结晶的关键词，他也无法展开具体的论述。

试问，在这种状态下真的能将学习到的知识充分运用到工作实践中吗？

讲到这里，我想许多读者朋友都会产生同感。

如果只知道大谈特谈通过书本、讲座和网上课程等学来的关键词，是无法达到学以致用的目的的。不仅如此，由于处于一种被输入知识的被动状态下，因此，经过一段时间后，记忆就会慢慢淡化。

往往是过了一周左右，就完全回忆不起来到底学过哪些知识了。

如果大家能认识到"遗忘的原因是没有充分思考分析"，就可以自己发现解决问题的方法。

与第一种方法"明确目的"相同，在这里我们也用极为精练的关键词进行总结。

那就是按照自己的方式咀嚼，也就是"边思考、边分析、边学习"。

关于"思考分析"这个词，将在第二章中进行详细论述。

总是记不住拖沓冗长的内容

为什么我们总是会忘记学习过的内容呢？

在这一节之前，我们已经从两个方面分析过原因了。第一个原因是消费型学习的思维方式作祟，导致学习的"目的"不明确；第二个原因是缺乏积极的"思考分析"，导致未能按照自己的理解吸收消化学过的知识。

除此之外，还有一些其他的原因。正因为如此，我才希望各位读者朋友能够牢记本章的内容。

第三个原因是"未能简明扼要地总结概括学过的内容"。

我一直非常推崇通过制作"一页纸"来开展工作的思考分析方法和沟通交流方法，并将其作为重要的商务技巧积极对外推广。

关于其具体内容，在第二章及以后的章节中，将充分进行介绍说明，在这里就不详细展开了。下面我们要关注的焦点是进行思考分析后的内容。

在使用"一页纸学习方法"的初期阶段，我们会发现一个现象，那就是经过思考分析后，"总结出来的内容往往篇幅过长，怎么记也记不住"。

比如，我曾经以拙著《丰田一页纸极简思考法》为主题，举办了为期一天的研讨会。

第二天，参加研讨会的听众朋友向我反馈自己总结的学习心得体会，在一条信息中，写下了下述内容。

"如果用一句话来总结这次学习的心得体会，那么应该是什么呢？"

"只通过制作'一页纸'，就可以在日常工作生活中灵活运用思考分析的方法，实现向具体行动的转变，并且，还可以将相应内容总结概括为三点以内的规律，向周围进行解释说明，从而避免陷入'自我封闭型或自我满足型'的误区，有效培养'服务他人型'的工作方法！"

正如大家所见，这句话的内容太长了，距离"确保随时随地都能想起的长效记忆的标准"相去甚远。

因此，我就向他提议，问："能不能不把用'一句话'概括作为标准，而是将要说的内容缩短至'一口气'能表达完的程度呢？"最终，他将自己的心得体会总结为"通过制作'一页纸'可以改变'自我满足型'工作方法"，实现了用较短的句子表达核心内容的效果。

> ● 人们为什么会遗忘学习过的内容呢?
>
> ① "学"而非"学",也就是说,学习的目的并未放在学上。
>   * 当今社会是"学习"变成了一种"消费"的时代。
> ② 在学习时,没有经过认真地思考"咀嚼"。
> ③ 未能简明扼要地总结概括学过的内容。

由此可见,就算自己主观上想通过言简意赅的方式进行归纳总结,周围的人却并不一定能够感受得到,结果反而会导致表述的内容拖沓冗长,无法形成长效记忆,之后很难再回忆起来。

实际上,在现实生活中,这种人并不少见。

各位读者朋友,你们自身的情况又如何呢?也擅长简明扼要地归纳总结吗?

第一章
明明是学习过的内容,为什么很快就忘记了呢?

> ● **怎样才能避免遗忘学到的内容呢?**
>
> ①明确目的。
> ②边思考、边分析。
> ③简明扼要地归纳概括。

大家平常是否能对学到的内容进行简明扼要地归纳总结呢?

在学习过程中,是否能积极主动地进行思考分析呢?

是否真正养成了按照自己的方式进行思考分析的学习习惯呢?

在开始学习某个知识或某项技能之前,是否明确了学习目的呢?

是否在不知不觉之间,犯了将"学习"等同于"消费"的错误呢?

在面对这些问题时,如果很难主动去回答"YES"的话……

让大家久等了！

在这里，我想向广大读者推荐的是作为"一页纸运行体系"的"初级方法"中提到的"一页纸"框架。

比如，针对"人们为什么会遗忘学习过的内容"这一主题，就可以运用这一方法明确"三点原因"以及"解决方法"。

如果只用关键词来提炼总结，就可以概括为下述三点：

①明确目的；
②边思考、边分析；
③简明扼要地总结概括。

在第二章中，我将向大家介绍可以通过制作"一页纸"进行实践的"20个字输入学习法"。因此，希望大家能够充分学习领会第一章中提到的内容，以便作为进入第二章之前的知识储备。

第二章

通过制作"一页纸"
轻松实现的
"20个字输入学习法"
是什么?

如果允许使用 20 个字的话，无论遇到什么事情都能总结概括出来

接下来，在第二章中，我们将逐渐转入"实践"模式。

我们将使用第一章中总结出来的三个关键词，即①"明确目的"；②"边思考、边分析"；③"简明扼要地总结概括"。趁着对学习内容还有印象的时机，构建"确保长效记忆的输入学习法"。

我将就第一章中最后提到的③"简明扼要地总结概括"，先进行解释说明，以便帮助大家更好地树立实践意识。

我曾经反复建议参加讲座的听众朋友们，在每次学习时，都应尽最大可能将学到的内容"总结为20个字左右"。

那么，所谓"总结为20个字左右"，究竟是怎么回事呢？

为了回答这个问题，下面，我们将就之前提到的具体实例进行总结，试着将其概括为20个字[①]左右。

[①] 将标点符号计算在内，其中引号算两个字，本书后同。

到了现在，几乎完全忘记了之前学过的内容（19个字）
当今社会是"学习"变成了一种"消费"的时代（21个字）
之所以这样，是由于将学习当成了一种"消费"（21个字）
从"消费"型学习观向"投资"型学习观转型（20个字）
因为没有做到边思考、边分析、边学习（17个字）
因为未能简明扼要地总结概括学过的内容（18个字）
通过制作"一页纸"可以改变自我满足型工作方法（22个字）
尽最大可能将学到的内容总结为"20个字左右"（21个字）

纵观上述内容，可以说无论哪个都清晰明了地把握住了关键要点。实际上，当大家读到这一部分时，就会发现"这些概括的要点在我们日常生活中是随处可见的，也是非常容易理解的"。

大家之所以会产生这种感觉，是因为我在工作和生活中，一直坚持"用20个字左右来限制自己总结事物的规律，从而对字数比较敏感"的缘故。这并不是机缘巧合或偶然一致，而是长期专注于用20个字左右总结规律形成的习惯。

读到这里，大家可能还是会感到疑惑，为什么非得是20个字呢？

这是因为"只要有20个字，就可以表达出自己想要传递的信息"。

比如日本的"俳句①"。

众所周知，俳句是一种由"五—七—五"共十七字音组成的语言表现形态。如果在俳句中加上标点符号进行断句，其格式应为"五、七、五"。

如果加上标点符号的字数，再次进行统计，就会发现其字数（五、七、五）=（5+1）+（7+1）+（5+1）=20个字。

俳句本身只有17个字，但是，加上标点符号后，正好就有20个字。

此外，标准的文稿纸②一行也是20个字。

那么，为什么它也是20个字呢？

关于这一点，可以与俳句结合起来思考。

其实，"日语是一门只要有20个字就可以充分表达自己想要传递的信息的语言"，如果从这个观点出发，我想大部分读者都能理解并接受这一理由。

---

① 俳句，是日本的一种古典短诗，由"五—七—五"，共十七字音组成；以三句十七音为一首，首句五音，次句七音，末句五音。要求严格，受"季语"的限制。俳句发源于中国古代汉诗的绝句。

② 文稿纸是一种用标准统一的格子或横线整齐划分、用来手写的纸张，以便于阅读和统计字数，规格通常为20×20、15×20，也称300格、400格和500格。

在学生时代，每当考日语语文时，大家肯定都知道这样一个技巧：如果题目要求将答题字数控制在40个字以内的话，一般正文中就会有2个关键得分点；如果要求将字数控制在60个字以内的话，就会有3个关键得分点。从这种观点出发，我们就能了解应该从正文中寻找几个得分点了，因此，可以有效提升答题的速度和正确率。

这是一种答题技巧。但是，其理论依据也源于"表述清楚一个信息平均需要20个字"的世界观。

在上文中，为了说明问题，我列举了三个实例。但是，实际上，我想要表述的内容是非常简单的。

那就是"只要有20个字，就可以表达出自己想要传递的信息"。

当你数清上述概括性文字的"字数"后，就可以继续往下读了。

在丰田学到的概括提炼能力

读到这里，我想大家一定会对"为什么要朝着20个字的目的努力？"有一个整体的概念了。第二章的重点是实践，讲的是方

第二章 通过制作"一页纸"轻松实现的"20个字输入学习法"是什么?

法论。因此,有一个问题是必须回答的,那就是:<u>"究竟应该怎样做,才能将内容总结在20个字以内呢?"</u>

接下来,我将就这个问题进行解答。

我要先向大家坦白自己的一个缺点。

那就是我一直都不擅长概括总结。

可能许多读者朋友会感到费解,觉得为什么要用这么大的篇幅在书中总结出如此多的20个字诀窍,质疑我到底想要表达什么意思,这是一个不容忽视的事实。

说起来大家可能都不会相信,在学生时代,我的语文成绩并不好。

特别是,一遇到要求"归纳总结中心思想"的问题,我就会感到一头雾水,完全找不到要点,陷入束手无策的窘境。因此,我一到考试的时候,就会苦不堪言,无法取得理想的成绩。

像我这样的人,究竟应该怎么做才能提高总结概括能力呢?

当时,为了解决这个问题,我读了许多以提升总结概括能力为主题的书,但是,令人遗憾的是,始终没有遇到能够解决问题的宝典。

25

真正给我带来转变的是进入丰田工作之后。在丰田，我每天要做的日常工作就是制作"一页纸"资料。制作数以百计的"一页纸"资料的经历从根本上提升了我的总结概括能力。

在丰田学到的"写材料必须遵守的三个基本条件"

我作为打工族的工作经历，有一大半时间都是在丰田度过的。

当时，丰田每年的利润都超过2万亿日元，即使放在现在也足以令人感到惊讶。在这种世界500强级别的大型企业内，究竟隐藏着怎样的制胜秘诀呢？

许多专家和学者从各种不同的立场和视角出发，进行了深度的分析总结。但是，与其他人不同，我关注的焦点是"将关键内容总结在一页纸内指导开展工作"的工作风格上。

在丰田，有一种企业文化，无论是企划方案、决算书、报告，还是会议纪要、分析材料、研究报告等，所有的文件都必须归纳在"一页A4或A3纸"内。

虽然没有明确的文字规定，但是，在拥有7万名员工的大企业中，几乎所有的员工都在将这一条不成文的规定作为标准默默付诸实践。

第二章
通过制作"一页纸"轻松实现的"20个字输入学习法"是什么？

下面，我将援引拙著《丰田一页纸极简整理法》和《丰田一页纸极简思考法》中介绍的"一页纸"的实际操作案例，以供广大读者共享。

在这个资料中，明确了"三个基本条件"。

- 条件①：不能超出"一页纸"的篇幅；
- 条件②：不能超出"框架"限制；
- 条件③：不能偏离"主题"。

关于第一个基本条件中提到的"一页纸"的规定限制，实际上是非常简单的，我想大家一看就能明白。

这里所指的"一页纸"，一般是A4大小的纸张。如果A4纸不够用，无论如何都要想办法控制在A3大小以内，不能比这个篇幅再长了。也就是说，这"一页纸"的内容要站在"资料整体的高度"，必须保持高度凝练。

每个资料还要符合"结构、提纲、框架"的要求，如图2-1所示。

并且，在各个提纲框架的上面，还要预留写"主题"，也就是"这一页纸针对的主要内容是什么？"的地方。

图 2-1 丰田使用的"一页纸"资料

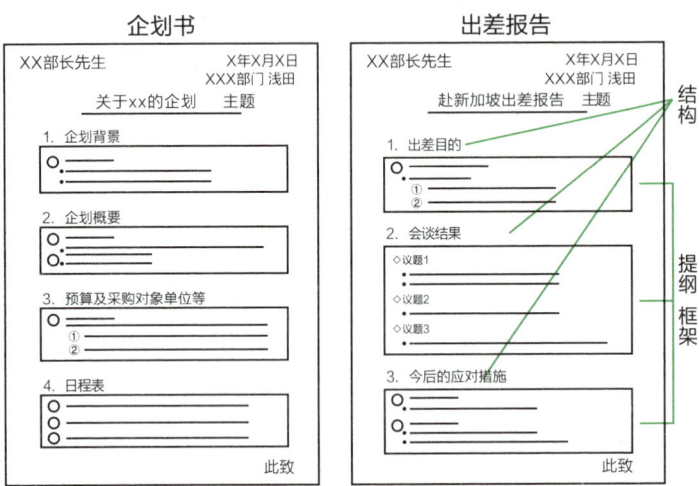

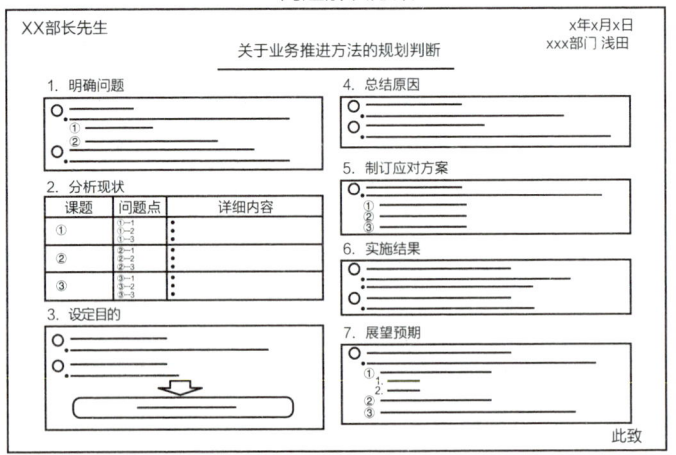

第二章
通过制作"一页纸"轻松实现的"20个字输入学习法"是什么?

在制作资料时,不能超出框架规定的篇幅随意增加内容。当然,这就要求我们必须删减与主题无关的内容。

说到这里,大家可以试想一下,如果每天都严格按照"一页纸""框架""主题"的要求来写材料,那么,会发生怎样的变化呢?

我想结果不言而喻。久而久之,就算你并不愿意被"一页纸""框架""主题"的规定束缚,也会慢慢养成习惯,从而提升自己的总结提炼能力。

可以说,正是在这三个基本规定的制约下,通过制作大量的"一页纸"资料,最终使我拥有了强大的总结提炼能力,实现了"量变"到"质变"的突破。

当然,最开始的时候,大家都难免会有疏忽,在坚持执行方面可能存在一定的差距,这都是可以理解的。你可以在写好材料后,呈给上司看一下,请他帮你修改批注。然后,在此基础上,再次修改材料,再请上司批示。通过反复多次进行这种互动,可以逐渐提升个人的能力,掌握将自己所要表达的内容纳入框架之内的技巧。

听我这么一介绍,有的读者朋友可能会质疑:"如果我的身边没有这么好相处的上司,根本没人帮着修改把关,那么,是不是就没有办法提升概括总结能力了呢？"

我个人认为，"根本就不是这么回事"。

确实，如果有幸得到上司的点拨，肯定是有利于在短时间内迅速提升总结概括能力的。但是，抛开短时间这一时间性条件来看，在写材料时，制订<mark>围绕主题按照框架将内容控制在"一页纸"</mark>之内的规定是决定性的因素。

为了避免洋洋洒洒地随意写一些内容松散的文章，应该制订一些规定限制。

只要按照这些规定限制的要求，不断通过实践锻炼自己，就算是那些不擅长总结概括的人，也能充分提升自己的能力。这个规律是经过许多读者和受训者实践检验过的，请大家放心使用，在今后的工作生活中积极学习实践"一页纸"学习法。

洞察事物"本质"的分析思考是指什么？

在上文中，我侧重介绍了自己是如何提高本不擅长的总结概括能力的。

其关键在于"设定基本条件进行限制"。这个关键词对于"学习"也有非常重要的意义。

这是因为通过规定限制，可以激发在学习方面具有至关重要作用的"分析思考"能力。

在下文中,我们将会把关注的焦点转向三个关键词(①"明确目的";②"分析思考";③"简明扼要地概括")中的第二个,即"分析思考"。

从本书中的定义来看,所谓"分析思考"是指"对信息进行分析梳理,并通过思考形成判断"。

无论是写材料、做工作,还是学习,实际上都是在不断地重复"分析思考"的过程。

不管怎样,在研究问题时,我们最先应该做的就是围绕主题"分析梳理信息",为进行思考提供基础。然后,再将这些信息作为材料,"总结提炼出观点"。

但是,在这种情况下,如果只是单纯地进行思考的话,就会导致思维分散、混乱,无论到什么时候,都无法集中精力做出判断决定。

你是不是也有过类似的经历呢?

有时候,由于上司交代说"回去再好好考虑考虑",部下就像听到了金科玉律,什么都不干了,光去坐在那里思考。结果,怎么也理不出头绪,根本无法解答上司的问题,只是在那里摆摆样子,机械地重复思考的动作而已。

在这种情况下，如果有明确的"条件"限制，情况会发生怎样的变化呢？

当设有"应该怎样做才能将内容归纳到框架内"的条件限制时，人们思考的方向就会"自然而然地集中起来"，有利于引导大家"简明扼要地进行概括总结"。

这样一来，人们就会养成习惯，甚至将"用一句话来总结是？""总的来说是？""概括起来是？"等口头禅挂在嘴边，督促自己进行"彻底思考"，直到能用简洁明了的语言总结出要表达的意思为止。

在上文中，使用了"彻底思考"这个词。

从字面上看，它的本义是"反复进行分析思考"，但是，在这里"彻底思考"又有了更深层次的意思，通过这种方式，我们可以把握到"某种事物"。

也就是，正在分析思考的主题的"本质"。

"本质"这个词在本书中也是非常重要的关键词之一，因此，我想在这里明确它的具体内涵。

==本质是指可以用来解释许多表面现象的"根据"。==

经过反复认真地"学习=分析思考"后，人们往往可以真正把握自己所从事业务的"本质=根据=判断标准"。

这样一来，无论遇到什么情况，都能确保按照正确的方向进行判断、行动。

只要抓住事物的本质，就可以确保万无一失，即使发生意外情况，也能灵活应对，根本不需要无谓地担心。

我们之所以能够一直深入有效地回应各种问题，就是因为抓住了本质的缘故。

"把握事物本质的洞察力"是学以致用的学习能力中不可或缺的要素。

除此以外，本质还有"一个特征"。

那就是由于本质非常简单直接，因此，可以用极为简练的语言表现出来。

抓住本质是分析思考成果的表现形式，正因为如此，人们才能用一句话或一个词精练地表达本质的内涵，才能用洞察本质的方法来指导工作。

如果用不超过20个字来总结之前提到的内容，就是：

学习是指通过分析思考来探寻本质的过程

如果按照死记硬背的方法原文背诵那些表面的知识，或者在孤立、片面的语境下去理解关键词，就会陷入事倍功半的怪圈，在这种学习方法的指导下，过了一段时间后，学过的知识马上就被忘得一干二净了。

学习的正确方式应该是紧紧围绕主题，尽可能地洞察事物的本质。

所谓本质，是指可以用来解释许多表面现象的"根据"。

因此，只要能抓住一个本质，就可以顺着这条线索了解许多关于学习主题的知识。此外，由于本质是非常简单直接的，可以用极为精练的语言表现出来。因此，掌握的关于洞察本质的学习方法越多，今后能够想起的简洁明了的知识内容就越广，积累的经验就越丰富。

先"分析梳理信息"再"思考总结做出判断"，反复重复这种思考分析的流程，并总结提炼出观点，就可以抓住事物的本质，从而用"简明扼要的方式表达出"学习的内容。

这样一来，就可以对输入的知识内容保持长效记忆，也有利于将学到的知识灵活运用到工作和生活中。

分析梳理时需要的只是纸和笔而已

如果大家能够读懂并真正吸收消化上文中介绍的内容，自然会对锻炼"20个字总结法"所需归纳能力和分析思考能力的要素，有一个明确的概念。

第二章 通过制作"一页纸"轻松实现的"20个字输入学习法"是什么？

如果用一句话来总结的话，就是"在规定基本条件的基础上进行学习"。

大家可以像写材料时那样，通过"一页纸""框架""主题"的三要素进行约束限制，并在这种状态下进行学习。

那么，我们应该如何实践呢？

在实践时，需要的工具并不复杂，只要有"纸"和"笔"就足够了。

图2-2 20个字输入学习法的基本框架图

[时间] [主题] 11/11 20个字输入学习法	P?			
1P?→				
			20	

35

具体而言，先要制作图2-2所示的基本模板，然后，在空白栏内填入内容进行学习。

在这个阶段，有一点需要特别注意并进行确认，那就是这个基本模板是按照"在'一页纸'上，画上基本框架，然后，明确填写主题"的模式制成的。也就是说，上文中反复提到的"三个基本条件"就是这个基本模板的构成要素。

此外，关于这个以"一页纸""框架""主题"为限制条件的基本模板，我已经独立研究出了15种以上的不同类型。

这些基本模板作为一种商务技巧发展成为体系是从"一页纸"框架开始的。

本书从这些基本模板中，选择了与"学习"这一主题紧密相关的几种模板。然后，秉承"在工作中充分运用"的宗旨，对部分内容进行了优化完善，最终构建了"一页纸运行体系"。

本书致力于创新，许多读者可能是第一次接触"一页纸"框架这个概念，当然，也有许多朋友可能早就通过阅读了解了各种各样的"模板"。但是，无论对于哪一种读者而言，这本书都会为其带去全新的体验，帮助他们学到新的知识。

特别是下面将要重点介绍的20个字输入学习法的基本模板，更是首次公开的"一页纸"框架图。

第二章 通过制作"一页纸"轻松实现的"20个字输入学习法"是什么？

无论是拥有哪种背景的读者，今后都应该坚持多制作一些框架图，不断积累实践经验，提升自己归纳总结的水平。

📄 20个字输入学习法：实例1

接下来，将就20个字输入学习法的"一页纸"框架图进行说明，详细介绍其制作方法和使用方法。

请先准备"绿、蓝、红三种颜色的彩笔"和"一页纸"。

这与"中级方法"和"秘诀"中介绍的"一页纸"的模板完全相同。

除此以外，不需要任何工具。

在这里，有一点需要补充，我们先要做的是培养读者朋友们写的意识，因此，最开始时可以不考虑纸张的类型，无论是打印纸、笔记本、背胶纸①都行，只要满足一定的尺寸要求，就没有任何问题。

在我主讲的与"一页纸"框架图相关的研讨会中，推荐听众朋友们选择的是B5大小的笔记本。

---

① 是背面有一层黏性物质的纸，与不干胶纸很像。背胶质地较薄、软，普遍用于各种条幅、展板、宣传广告，用它的好处是打印的效果清晰，但是背胶的黏性强，难以清理。

虽说如此，当你身边没有B5尺寸的笔记本时，也可以选择A4尺寸等稍大一些的纸张。

但是便笺纸的尺寸实在太小，是绝对不能选择的。

关于这一点，在下文介绍实际应用个案的时候，大家就会明白了。因为如果纸张的尺寸过小，向里面填充文字时就会变得很困难。

要提前准备好A5以上尺寸的纸或笔记本。

此外，也不能用电脑编辑。

之所以这么规定，是因为通过纸来学习比通过电脑屏幕学习，更能激活人的大脑。

如果是"00后"的数字原住民[①]自然对电脑比较敏感，但是，对于绝大多数职场人士而言，他们的大脑还是更习惯于通过纸来学习的状态。

可能有人会觉得"用纸来学习太不方便了"，但是，俗话说"欲速则不达""宁走十步远，不走一步险"。

事实证明，在电脑上学习难以充分激活人的大脑，与之相比，通过写在纸上进行分析思考的方式，可以更快地提高学习速度。

[①] 数字原住民（digital native），意为一出生就面临着一个无所不在的网络世界的一代人，对于他们而言，网络就是他们的生活，数字化生存是他们从小就开始的生存方式。

第二章
通过制作"一页纸"轻松实现的"20个字输入学习法"是什么？

刚才，我已经建议大家准备好笔记本或者纸了，下面该拿出绿笔（在本书的框架图中用灰色表示），按照第40页的图2-3来制作框架图了。

画完20个字输入学习法的框架图之后，应该在左上角的第一个空格内填入时间和主题。

在填写时，要注意尽量写上从书中学到的关于自己此次想要学习主题的见解和观点，以便事后回想。

因此，大家可以在第一个空格内写上书名。

在此我们以美国时代周刊记者阿曼达·里普利（Amanda Ripley）的作品《当灾难降临——幸存者的决断与遇难者的行动》（日本光文社出版）为例，进行实例分析，因此，请大家在第一个空格内写上书名，如图2-3所示。

在这里稍微交代一下背景，我之所以有机会读到这本书，是因为日本的"3·11"大地震。在地震之后，有一段时期，我曾经痴迷于探求"人们在面对灾难时的本质"。

现代日本社会几乎每年都会遭遇大规模自然灾害。

在这种情况下，人们怎样才能避免那些肤浅的防灾知识或技术的干扰，真正抓住面对灾害时如何生存下来的本质呢？

又该如何实现自救？抑或救助那些对自己而言重要的人呢？

39

图 2-3 20 个字输入学习法的框架图

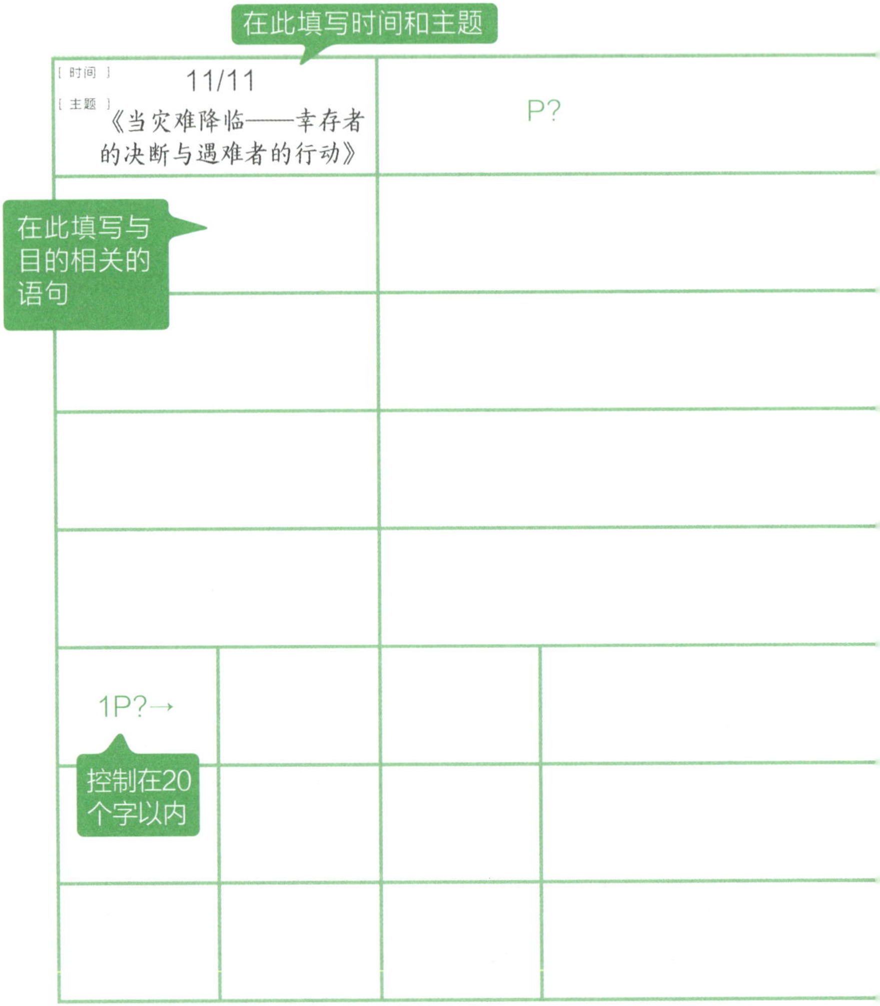

[时间] [主题]	11/11 《当灾难降临——幸存者的决断与遇难者的行动》		P?		

在此填写时间和主题

在此填写与目的相关的语句

1P?→

控制在20个字以内

第二章
通过制作"一页纸"轻松实现的"20个字输入学习法"是什么?

用红笔写出目的

	20		

带着这种问题意识，我将相关的书籍读了个遍。

在这些书籍中，对我个人影响最大的就是里普利的这本著作。

正如大家所见，实际上，我刚才提到的例子与工作并没有直接关系。

之所以引用这个例子，是因为我想先让大家树立起"框架图意识"的缘故。在目前这个阶段，只要大家能保持兴趣一直学下去就足够了，因此，我才选择了这个例子。

我们先看一下这个关于学习的分析思考结果。

我平时就经常向身边的人传递下面这样的信息，以备发生紧急情况时可以从容应对。

紧急情况下，人们只会按照自己的习惯应对

这个句子正好有19个字，在20个字以内。

当发生灾害时，无论是谁都不会想着别出心裁，而是愿意按照习惯应对。

因此，我们最好放弃当场思考、当场判断形势、当场采取适当行动的随机应变的念头。

当灾害发生时，人们充其量也只能在既有习惯的延长线上采取一定的行动。

第二章
通过制作"一页纸"轻松实现的"20个字输入学习法"是什么?

这是我们面对紧急情况时最真实的写照。

正因如此,我们更要思考:平时应该花多大力气去模拟灾难场景,并采取有效措施进行应对?如何反复与身边的人进行沟通交流?在发生紧急灾害导致思维陷入停滞状态的情况下,这些日常积累下的行为习惯可以有效地帮助人们做出正确判断,并采取有效的行动。

实际上,在里普利的书中,就以"9·11"事件[①]为例进行了分析。

在这起著名的恐怖袭击事件中,某个在世界贸易中心办公的企业,全体员工都安然脱险,最终幸存下来。

究其原因,是因为这家企业"经常以发生紧急情况为背景实施防灾逃生训练"的缘故。

与之相反,那些没有进行防灾逃生训练的企业员工,大都没有主动逃生,反而继续留在办公室里,结果惨遭不幸。

在世界贸易中心工作的商界精英们,为什么只能做出这种看似愚蠢的判断和行动呢?

能够回答这个疑问的,恐怕就是上文提到的19个字:"紧急情况下,人们只会按照自己的习惯应对"。

---

① "9·11"事件,是2001年9月11日发生在美国纽约世界贸易中心的一起系列恐怖袭击事件。

对于那些轻视防灾逃生训练的人而言,就算不断地对他们强调"应该提升防灾意识",也不会得到任何积极的响应。

但是,如果能够从"紧急情况下,人们只会按照自己的习惯应对"这一本质出发,向他们阐明防灾逃生训练的重要性,恐怕许多人都会产生认同感,觉得"确实如此",从而将其作为新生事物认真对待。

实际上,我相信读到这里之后,肯定会有读者朋友产生这种感觉。

"抓住本质"这种学习方法的优点不仅在于"不易遗忘"和"可以简明扼要地表达自己的观点",更在于向人说明时易于对方接受理解。

01 明确目的

接下来要向大家介绍的内容才是"一页纸运行体系"中最重要的部分。

我们究竟应该如何做才能熟练掌握这个20个字输入学习法呢?

下面,我将就这个问题进行说明。

请广大读者朋友思考一下自己阅读这本书的"目的"究竟是

什么。

框架图中的"P？"是"Purpose"（目的）的缩写，意思是"阅读本书的目的是什么？"。在正式开始阅读之前，应该用红笔将这个问题的答案写在空白格内，如图2-4所示。

实际上，在简明扼要地概括和分析思考方面，"目的"发挥着重要的作用。

这是因为通过明确"目的"，可以果断地排除与实现目的无关的信息，从而减轻负担、减少干扰。

图 2-4 填写目的（P？）

| [时间] 11/11
[主题]《当灾难降临——幸存者的决断与遇难者的行动》 | P？ | 了解人们遇到灾难等突发事件时的反应本质 |

用红笔填写

从相反的角度来看，正因为收集的都是有利于达成目的的信息，因此，才能真正发掘出将内容概括在"一页纸"或"一行"之内的全新方法。

由于这一部分的内容非常重要，因此，建议使用红笔填写，以做强调。

"目的"是简明扼要地实现归纳总结和分析思考的关键点。

在上述实例中，填写到目的栏内的内容是"了解人们遇到灾难等突发事件时反应的本质"。

那些读了书之后无法将所学的知识运用到工作中的人，大部分都对"目的"缺乏清晰的认识。

之前，我曾经有直接面对数百名听众提问的机会，当时我问他们"为什么想读这本书？""为什么想来听这个讲座？"。

结果，许多人都没有给出明确的答案。

大部分读者都没有明确的目的性，不知道为什么去买书、为什么要读书、为什么学习知识会感到满足。

就这样在不知不觉间忘记了学习的最终目的。

正如第一章中介绍的那样，我将这种情况称为"消费"型学习。那么，我们应该如何阻止这种情况，避免陷入歧途呢？

最关键的就是迈好第一步。也就是读书的入口关，可以用具体的语言明确表述出读书的"目的"。

那么，应该怎样养成这种习惯呢？

正如上文提到的里普利的书中所述那样，关键就在于"训练"。

反复练习20个字输入学习法的基本框架图，这样一来，就能逐渐养成学习时"明确目的"的良好习惯。

使用红笔在"P？"的空白栏内填入内容，明确表述出"目的"。

这个过程同样会对你的思维逻辑带来影响。

与其口头上空喊100遍"要带着目的去读书"的口号，远不如通过"写在纸上"的具体行动进行训练来得实在，因为实实在在的行动可以帮助大家更快地养成好的习惯。

请大家一定要积极实践20个字输入学习法，将自己打造成为"能够自觉将目的视为生活习惯并用语言明确表述出来的人"。

切记带着"目的"去读书

那么，在填完"P？"栏的内容后，下一步应该做什么呢？

请将"一页纸"框架图放在身旁，按照平时的习惯去读书。

你可以自由选择读书方法。如果你拥有熟练的阅读技巧，无论选择精读还是速读都没有问题，完全可以尽情发挥自己的优势。

在这里只希望大家能注意养成一个基本习惯，那就是时不时地看一眼刚才填写过的"P?"栏的内容。

无论是你还是我,每个人都会在短时间内忘记自己的目的,而且遗忘的速度是令人感到难以置信的。

就算用明确的文字将目的写在纸上,也只不过是加深了一点印象而已,很难保持长效记忆。这是一种自然存在的客观现象,尤其在实践初期表现得更为明显。

正因为如此,我才更希望大家能反复"看看"纸上写着的目的。

比如,在分成多日读书的情况下,每次读书前,都应该回看一下目的;在一口气读几个小时的情况下,读到三分之一左右的时候,就应该回看一下。

虽然只需要几秒时间进行确认,但带来的效果却超乎预料。

具体实践时可能会感到有些麻烦,但是,这个习惯却是非常重要的。因此,还请广大读者朋友们秉承"行动至上"的精神,"不管怎样先做起来试试看"。

 02 提炼关键词

在通读了一遍全文后,就该填写框架图的中间部分了。

在填写时,应该一边回想书中的内容或者再大体浏览一遍,

第二章
通过制作"一页纸"轻松实现的"20个字输入学习法"是什么？

一边提炼有助于达成目的的关键词。

这次请用蓝笔填写（在本书的框架中用黑色表示），如图2-5所示。

图 2-5 用蓝笔填写关键词

时间 11/11 主题《当灾难降临——幸存者的决断与遇难者的行动》	P？	了解人们遇到灾难等突发事件时反应的本质	
瑞克·瑞思考勒①安保主管	如何才能战胜恐惧？=充分准备	克服压力的最佳方法	2004年东南亚大海啸、朗伊托托岛火山喷发②▶形成高地
遇到灾害等突发事件时：恐慌＜冷静	获救的可能性=希望▶成为行动的源泉	通过呼吸控制情绪	麻痹=坐以待毙
调动大脑思考=反复练习	逃避▶思考▶行动	逃避、否认=自信、自尊心	8个P
陌生的环境=被动、IQ下降	练习=流程的重要性	大量＜一次教训	原题 The Unthinkable

（用蓝笔填写）

框架图内有16个格子，我们不需要将全部的空白格都填满。

请再次明确下述概念。

所谓分析思考是指"对信息进行分析梳理"，然后"通过思考做出总结判断"的过程。

---

① 瑞克·瑞思考勒（Rick Rescorla）：摩根士丹利安保部门的副主管，在2001年的"9·11"事件中，他凭一己之力救下了摩根士丹利2 687名在世界贸易中心南楼办公的员工。
② 朗伊托托火山岛（Rangitoto Island）位于新西兰奥克兰城市，是大约600年前由一系列的火山喷发形成的，它是奥克兰最显著的地理特征。

49

通过用蓝笔填写的流程，可以为后续进行"20个字归纳总结"提供基本信息和材料，并进行汇总分析。

因此，只要能填写8个以上的格子，就可以满足基本需求了。

当然，你也可能会遇到归纳出来的关键词超出16个的情况，对此，你应该坚持遵守规定，当填写的关键词达到16个后，就坚决停止。

如果在此基础上再填写，就会导致归纳总结时的信息量过大，反而会陷入混乱的状态，影响分析思考的效果。

正所谓过犹不及，无论做什么事情，恪守中庸之道，保持平衡往往是最重要的。

我们姑且将填入的关键词作为判断成败的标准。如果进展顺利就很好了，如果进展不顺利就再试一次。不管怎样，我们就从填写"一页纸"开始做起吧！

重点：在10分钟以内提炼出关键词的秘诀

作为补充，在一边翻书一边提炼关键词时，只需要对必要之处进行确认。

由于已经通读过一遍书的内容，因此，对整本书中有助于实现目的的信息位置应该有一定程度的了解，至少应该搞清楚这些信息究竟是在书的前半部分，还是在后半部分。

切记要避免再次陷入精读模式，导致徒劳无功。由于现在要做的是将达成目的所需的知识总结成"20个字左右的一句话"，因此，请注意专心提炼关键词，并填写在空白格中。

集中焦点的秘诀在于预先设定"时间"限制。

具体而言，就是在10分钟的时间以内，提炼出关键词。可以使用厨房计时器或秒表进行计时。

在10分钟以内确实难以完成的情况下，最长可以延长到15分钟。

一旦超出这个时间范围，人的注意力就会大幅下降。因此，我们可以将NHK[①]的"早间电视剧"时段作为提炼关键词的时间，当节目结束后，就应该完成关键词的填写。

03 用红笔分组

在10分钟的时间里，用蓝笔写出关键词后，就该进入最终的归纳总结阶段了。

[①] 是日本广播协会的缩写，来自日语罗马字转写"Nippon housou kyokai"的首字母。NHK是日本第一家覆盖全国的广播电台及电视台，其第一条广播节目于1925年由前身东京广播局播出。现今，NHK拥有6个电视频道和3套广播节目，面向日本国内提供播送服务。另外，NHK的国际频道面向国外提供广播和电视服务，包括18种语言的新闻网站。

在这个阶段，请再次取出红笔。

蓝笔主要用于分析思考的"分析梳理信息"阶段，与之相对，接下来要重点介绍的红笔主要用于"思考总结做出判断"的阶段。

由于这次列举实例的主要目的是"了解人们遇到灾难等突发事件时反应的本质"，因此，可以用"当遇到灾难等突发事件时，人们会变成××"的表达方式，进行简明扼要的归纳总结。

如上所述，在开始总结之前，我们就要预先想好20个字左右的基本表达框架。

然后，再用红笔对提炼出的关键词进行归纳总结。

归纳时的诀窍主要包括下述三个方面：

- 在表达同一意思的词语下面画"〇"，并用线连起来；
- 将意思相近的词语框起来，划分为几个组；
- 思考与多个词语相通的关键词，预先填写在空白处。

基于上述内容，对有助于达成目的的语言进行归纳总结。在这种情况下，最关键的就是一边用红笔"连线"或"框起来"，一边进行思考。

如果不经过有意识地训练，只是在大脑中完成分析思考几乎是不可能的。普通人根本就不具备如此强大的分析思考能力。

与光是在大脑中空想相比，一边对着纸用红笔画出关键词，一边归纳分析的方法反而更加高效。

对于人们而言，自己没有亲身经历过的事情往往是抓不到要领的，因此，在听完大体的介绍后，一定要亲身去尝试一下。

在这里要顺便解释一下，之所以要改变笔的颜色是"为了更容易从视觉上进行区分"。

通过这种方式，可以更加有效地完成分析思考的过程。

用20个字的一句话来归纳总结

上文在一定程度上对思考的结果进行了归纳总结，下面请用红笔在框架图下半部分的"1P？"栏内，逐字填入相应内容，如图2-6所示。

所谓"1P？"是指"1Phrase（短词）？=用一句话如何表达？=用一句话如何表达？=用20个字左右如何表达？"。

实际上，在"1P？"这个区域内"共有23个可填写的空格"，因此，还有3个字的空间可作为缓冲区备用。

在这里有一点至关重要，那就是"限制"。

图 2-6 用画圈或标注箭头的方式进行归纳总结

[时间] 11/11 [主题]《当灾难降临——幸存者的决断与遇难者的行动》	P?
瑞克·瑞思考勒安保主管	如何才能战胜恐惧？ =充分准备
遇到灾害等突发事件时= 恐慌＜冷静	获救的可能性=希望 成为行动的源泉
调动大脑思考= 反复练习	习惯　逃避▶思考▶行动
陌生的环境= 被动、IQ下降	练习=流程的 重要性
1P? →	紧	急	情
们	只	会	按
习	惯	应	对

用红笔或蓝笔填写

第二章
通过制作"一页纸"轻松实现的"20个字输入学习法"是什么？

了解人们遇到灾难等突发事件时反应的本质			
克服压力的最佳方法	2014年东南亚大海啸、朗伊托托岛火山喷发、形成高地		用红笔归纳
通过呼吸控制情绪	麻痹=坐以待毙	
逃避、否认=自信、自尊心	8个P	
大量＜一次教训	原题：The Unthinkable	
况	下	，	人
照	自	己	的

20

一开始就要明确规定，在归纳总结时，字数决不能超出这个限制。

并且，还要实际进行预填写，检查自己归纳出来的结果是否能控制在20个字左右。

当然，最开始的时候，大家往往难以完美地将内容归纳到20个字以内，这是再正常不过的事情，请不要过于担心。

我在丰田上班的第一年，也经常为这个问题感到头疼。

为了解决这一问题，先要做的就是秉承"数量优先"的理念，在规定的限制下，反复进行尝试。

当你写了10页之后，就能切实地感受到20个字左右大概是一个什么体量，成功归纳总结的经验也会逐渐增多起来。

当你写了20页之后，就会养成良好的习惯，每当遇到问题时，都乐于用20个字左右进行归纳总结。这样一来，剩下的就是自己下定决心，接着去写30页、50页，并一直坚持下去。

最终，我们希望实现的目标是：即使不刻意去画框架图，也能在大脑中完成整个分析思考的流程。

上文中提到这是一种对知识水平要求极高的行为。但是，"经过一定程度的训练，无论是谁都能运用自如"。

第二章
通过制作"一页纸"轻松实现的"20个字输入学习法"是什么？

实际上，反复填写20个字输入学习法的框架图，就相当于"进行了一定程度的训练"。

正所谓"熟能生巧"，当你真正熟练地掌握了这种技巧后，就算还没读完整本书，也能在读的过程中归纳总结出20个字的中心思想。

最初阶段，你可能会觉得"太麻烦了"，但是无论哪种技术都必须经过枯燥乏味的反复训练，才能真正掌握并熟练运用。

并且，当你真正掌握了这门技术后，再次运用的时候，就会像日常呼吸一样，感到极为顺畅自然。

也就是说，练习到最后，是完全能够达到"得心应手的境界"的。

本书中强烈推荐的是只需要填写"一页纸"的简单实用的方法。

与其他技术相比，无疑将难度降到了最低，在最大限度上减轻了大家的负担。

在学习过程中，要经历"没有纸"→"一页纸"→"不需要纸"的变化。

请广大读者朋友，一定要试着转换观念，积极主动去享受挑战的乐趣，正确区分不同层次上的"没有纸"和"不需要纸"的境界，尽最大努力去锻炼自己的"分析思考能力"，从而实现提高"学习能力"的效果。

20个字归纳总结的诀窍

如果大家对突然间要将所读内容总结到20个字左右的要求缺乏信心，那么，最开始时，可以先用蓝笔填写，之后再用红笔反复推敲修改。

针对那些无论如何也无法将内容归纳到20个字以内的人，可以通过下述三个问题，帮助他们凝练语句。

· 能不能换成"更短一点儿的句子"来表达？

· 能不能通过"调整词语的位置"，做出更为凝练的表达？

· 能不能通过省略或补充"修饰词语"，实现更为简单明了的表达？

从这个角度来看，我希望大家能自己使用红笔进行推敲修改。

在这种方法指导下，会令人产生"今后还可以使用红笔进行修改"的想法，从而减轻大家的思想压力，有利于带着轻松的情绪填写"1P？"。

20个字输入学习法：实例2
从多本书中提炼总结出适合个人特色的本质

接下来，我们将再介绍一个关于20个字输入学习法的实例。在这个实例中，大家将更加直接地接触商业方面的主题。其主要内容是在读各种各样的书籍时，出于"把握战略本质"的目的，编写的"一页纸"框架图。

作为个体创业者，应该按照怎样的思维方式来制订战略，才能确保事业不断发展、企业规模不断壮大呢？

受这一背景的影响，我曾一度执着于阅读各种关于管理和商业方面的书籍。当时，我购买了许多教材，并且经常去参加研讨会。

在这一主题下编写的20个字输入学习法的框架图，具体如图2-7所示。

有一点希望大家理解，那就是这并不是针对某一本书编写的"一页纸"框架图。

一页纸学习法

图 2-7 从多本书中汲取精华厘清思路
（发掘战略的本质）

[时间] [主题] 11/11 战略是指？	P？	为了帮助个体创业者把握有效战略的本质	
避免惨烈竞争 →	价格战	无法效仿	全部都是附加材料
诸葛孔明 =弃庆州①	差异化	日本企业并不擅长	分配资源
如：人= 日产、大冢家具	成本领先②	定位VS能力	迅速行动者胜
锁定效应③= 如：使用日本移动15年以上	如何提高准入壁垒？	相对明确的规定	明确自己独有的优势
1P？→	战	略	就	是	指	能	创
造	出	高	价	但	是	畅	销
的	产	品	的	20 机	制		

---

① 庆州市是韩国庆尚北道的市，世界历史都市联盟成员。古代新罗王国首都金城在此地。此处指丰臣秀吉入侵朝鲜期间，在第一次蔚山城之战结束后，在朝鲜日军放弃进军庆州的原作战计划，非常明智，是符合当时战局情况应当采取的战略。
② 成本领先(cost leadership)：即制造标准化的产品，以规模经济取得产品的成本优势。在这种理念指导下，管理者一定要注意控制成本，才能达到整体成本领先的目标。
③ 锁定效应(lock-in effect)是指两个相同意义上的科技产品，一个是较先进入市场，积累了大量用户，用户对其已产生依赖；另一个较晚才进入市场，同种意义上的科技产品，用户对第一个已经熟悉了解，而另一个还需要用户重新学习了解，产生了很大麻烦，因此较晚进入市场的那个很难再积累到用户，从而慢慢退出市场。先进入市场的那个相当于已经锁定了同种类型的科技产品，从而发展越来越快。

而是从各种书籍、课件、授课教材以及现场研讨会中汲取精华，经过思考分析后沉淀在大脑中，形成的关于"战略究竟是什么"这一问题的关键词的集合。

在这个实例中，有时会用蓝笔随机写出关键词。

如上所述，并没有哪条规定明确要求必须从一本书或一个讲座中提炼关键词。

由于实现目的是最重要的，因此，完全可以从其他的书籍、讲座或者网上课件中广泛汲取经验。从学习的视角来看，这种做法是没有任何问题的。

甚至可以说，这种积极主动地思考分析、吸收消化的学习态度才是真正重要的。我们应该树立这种学习观，不断增加内化知识储备，确保今后随时随地都可以灵活应用于实践。

不应执拗于寻找唯一的答案，而应思考适合个人特色的答案

在上文中，我用蓝笔从搜集到的材料中，归纳总结出了下面这样一句话。

战略就是指能创造出高价但是畅销的产品的机制

由于这次的内容有21个字，因此，会给人一种需要删减字数

的感觉。

如果能稍稍削减一些字数，比如：

战略=能创造出高价但畅销的产品的机制

这样一来，就变成了18个字。由此可见，通过灵活运用标点符号，也可以达到减少字数的效果。请大家记住这一点，并将其作为推敲论证时的一个方法，在实践中灵活运用。

在此我希望大家能通过这个实例，加深对下述内容的理解。

关于作为主题的"战略是指？"的定义，自然会有其他不同的观点。

不仅仅是这个实例，上一个实例中提到的"人们遇到灾难等突发事件时的本质是？"也是如此。

在这里并不存在唯一的正确答案，如果非要按照寻找唯一答案的价值观来思考问题，就不可能总结出更多的20个字规律，也就违背了活学活用的宗旨。

请大家一定要慎重对待这个问题，避免出现误读误判。

真正重要的是"是否有助于实现目的"。

如果问为什么要用"战略=能创造出高价但畅销的产品的机制"这种表现形式来进行归纳总结，那是因为我是一个个体创业者的缘故。

所谓个体创业者，顾名思义就是一个人白手起家进行经营管理的经营者。

既然没有其他的员工，我能给顾客提供服务的时间上限就是平均每天8小时。因此，受这个时间上限的制约，我能提供服务的客户对象人数也是有上限的。

时间长短与客户数量的多少是成正比的，时间受限，相关的客户数量自然也会受限。

在这种背景下，为了实现自己每个月制订的销售额指标，就必须创造出一种机制，确保在产品价格相对较高的不利因素影响下，也能赢得消费者的青睐，令他们真心认同产品的价值，并积极购买。

对于手头资源有限的个体创业者（或者中小企业）而言，战略的本质就是"创造出高价但畅销的产品的机制"。

对于我而言，"真正对工作有益的归纳法"恰恰就是这一句话。

由此可见，究竟哪种归纳方法在"实践层面"可以发挥积极作用，是因人而异的。实际上，在大企业工作时的我就算能够总结出这个规律，也是毫无用武之地的。

一切都是由"目的"决定的,让我再回忆一下第45页的信息:

==**"目的"是简明扼要地实现归纳总结和分析思考的关键点**==

如果我们再仔细研究一下这个句子,就会发现它的长度大大超过了20个字的标准(25个字)。

这是一个很好的实践机会,我们可以试着以此为例进行实际讲解。

如果换成是你,应该如何用"更少的字数"进行归纳总结呢?

在这里,我们需要重温一下用来"减少字数"的三个问题。

- 能不能换成"更短一点儿的句子"来表达?
- 能不能通过"调整词语的位置",做出更为凝练的表达?
- 能不能通过省略或补充"修饰词语",实现更为简单明了的表达?

如果只是追求"更短一点儿的句子",可以将其控制在23个字以内,即:

==**"目的"是简明扼要地归纳总结和分析思考的关键点**==

如果"调整词语的位置",可以将其控制在20个字以内,即:

简明扼要地归纳总结和分析思考需要"目的"

最后,如果改变"选用的语言",可以帮助大家更加简单明了地理解相关内容,即:

目的是实现简单归纳总结和分析思考的关键

在将"简明扼要"变为"简单"、将"关键点"变为"关键"的基础上,进一步将句子控制在了20个字以内。

最终,你可以根据"究竟哪种方式更容易记忆",来决定如何选择具体的表达方式。

不要死记硬背作者的原话,而应优先选择符合自身实际情况的表达方式。

在这种理念的指导下,可以更加得心应手地掌握20个字输入学习法的精髓。

此外,与作者的原话相比,要优先使用自己的语言。这样一来,可以创造机会引导大家思考"选择这种语言表达方式究竟是否合适",也就是说,能够调动大家在更高的层次上分析思考问题的积极性,将"问题彻底思考清楚"。

是否过于拘泥于原文导致语言晦涩难懂?

是否能够避免发生明显违背原文意思的问题?

但是,从实用的角度来看,换一种说法后,是否更有利于记忆？或者更便于使用？等等。

这些在实践中遇到的问题，反而成了提升你思维分析能力和归纳总结能力的助推器。

与"是否正确"相比，"是否有用"才是更重要的

最后，我将就上述实例中涉及的"本质"这个词进行补充说明。

"本质"并不是"绝对的真理"。

只不过是"适用于解释许多表面现象"而已，从实例2来看，"战略的本质"，就是在"个人创业者"这个前提下，尽可能提炼出的具有普适性和概括性的一句话。

实际上，在此之前，我已经向许多个人创业者介绍过这个经过归纳总结的观点。他们无一例外地都表示"确实如此"，并在自己的工作中充分发挥了这一句话的作用。

此外，还有许多人因此向我表达了诚挚的感谢，有的说"我终于弄明白了自己为什么一直赚不到钱"，还有的说"我终于想清楚了要想将事业做大，到底应该重视什么"，等等。

如果按照简明扼要的方式进行沟通表达，就可以轻松地与周

围的人分享知识。如果能因此而帮助别人解决问题，难道还有比这更有意义的学习方法吗？

在学习过程中，如果片面强调"是否正确"这一追求真理至上的学习观，必然会遇到瓶颈。

由于我们都是商务人士，因此，不能按照这种想法行事，而应将"是否能帮助"自己、周围的同事以及客户作为最优先的判断标准。

这样一来，就能不断积累"用20个字解决问题"的宝贵经验。

如果想在工作中充分发挥作用，就应该避免片面强调探求真理，而应该积极探求"本质"。

当实践出现瓶颈后，请充分发挥20个字输入学习法的作用，力争重新恢复活力！

20个字输入学习法：实例3
通过20个字输入学习法提升个人教养

在学习了前面两个实例后，我相信肯定有读者朋友会注意到一个事实，那就是"通过输入学习法来保持长效记忆"，只不过是这种学习方法众多优点之中的一个而已。

实际上，这种方法的优点不胜枚举，比如"有利于帮助大家洞察事物的本质""可以帮助人们解决问题"等。

在本节中，我们将关注的焦点聚集在"提升个人教养"这一优点上，通过介绍一个新的例子，帮助大家更好地理解体会。

这个新的例子就是——"为了把握日本历史的本质"而制作的20个字输入学习法的"一页纸"框架图。

在学习领域，时不时就会出现某种热潮，比如"历史热""教养热"等。每过几年，就会出现一本这种类型的畅销书。我想在这种热潮中，大部分人都是被"一定要成长为素质出众的杰出人才"的想法所驱动，才会趋之若鹜的。

我非常肯定地认为，在本书的读者中，有不少人都是怀着

"希望提升个人教养"的美好愿望的。

关于"教养"这个词,定义是多种多样的。我想在这诸多定义中,作为前提条件,有一个观点是大多数读者必须了解和接受的,那就是"是否精通历史,能够博古通今"。

那么,怎样才算是"精通历史"呢?

关于这个问题,可以从"量"和"质"两个方面来定义。从"量"的方面来看,就是要"要熟读一遍日本史和世界史";从"质"的方面来看,就是要"跳出细枝末节,善于把握大的历史潮流和牢固的历史观"。

在本节中,我们选择了后一种定义,将关注的焦点聚集在日本史上进行分析阐述。

通过历史书洞察本质

请大家看一下图2-8中关于20个字输入学习法的归纳总结。

日本历史的本质究竟是什么呢？

我想这恐怕是很多读者都会感兴趣的主题。

如果从结论来说，我个人的分析观点是：

由于厉鬼信仰而畏惧报应是日本历史的原动力

这个定义是我在大量阅读因《反论日本史》而声名鹊起的井泽元彦[1]的作品过程中，总结出来的一句话。

---

[1] 井泽元彦，生于1954年2月1日，日本历史小说作家、推理作家，原TBS报道记者，爱知县名古屋市人。先后毕业于东京都立芦花高等学校、早稻田大学法学系。大学期间，1975年曾以《倒错的报复》获第21届江户川乱步奖候选。1992年，开始连续创作以《反论日本史》为中心的独特历史推理作品。著作对日本的历史、社会中的言灵、怨灵等无意识信仰行为特征进行持续观察。此后多次发表言论，对历史研究领域的"三大缺陷"（泛民主主义、权威主义和史料至上主义）进行了彻底批判。曾担任NHK电视节目《历史发现》的正式评论员和平城迁都1 300年纪念事业评议员。

第二章
通过制作"一页纸"轻松实现的"20个字输入学习法"是什么？

图2-8 通过20个字输入学习法用自己的语言归纳概括教养的真正内涵

[时间] 11/11 [主题] 日本历史的本质究竟是什么？	P?	为了把握日本历史的本质	
怨灵信仰=遭受报应	不想日后被嫉恨	"和平宪法"第9条也是同样的原因？	反复迁都的理由
言灵信仰 =不能随意说话	对于贵族而言， 战争=污秽之事，是不行的	日本对佛教的需求是 "镇魂"	琵琶法师[①]=镇魂
以"和"为贵：《古事记》[②] 《十七条宪法》[③]《五条誓文》[④]	武士的诞生	大佛、镰仓佛教、 葬式佛教	朱子学[⑤]= 培养出内心无嗅的人
污秽信仰[⑥]	朝幕并存[⑦]的 统治体制	让国神话[⑧]	巨型古墓的意义
1P?→	由	于	历	鬼	信	仰	而
畏	惧	报	应	是	日	本	历
史	的	原	动	20力			

由此可见，这个观点并不是读某一本特定的书之后总结来的。

我是在读了井泽元彦的30多部作品后，才画出图2-8的"一页纸"框架图，并从中归纳总结出20个字的。

一页纸学习法

① 琵琶法师是指弹奏琵琶的盲目僧侣艺人。出现于平安中期,活跃于镰仓、室町时代。开始只弹奏乐曲,后逐步加进说唱。镰仓时代,以说唱《平家物语》等军事文学作品而兴盛。初有3卷本的《平家物语》原作,经说唱演绎成48卷本的《源平盛衰记》。有八坂、一方两流派。八坂派进入室町时代后衰落。一方派经明石觉一而兴盛。明石觉一成为平曲中兴之祖。琵琶法师中设有四官十六阶,京都有总检校、江户有总录,均得到幕府承认。随着三味线的普及,说唱古"净琉璃"者日增,琵琶法师渐衰,明治维新后衰落。

② 《古事记》是日本第一部文学作品,包含了日本古代神话、传说、歌谣、历史故事等。安万侣于和铜五年(712年)1月28日编纂完成,由第四十代的天武天皇审定。全书用汉字写成,于语序上虽以汉语的主谓宾语法为主,但日语的语法结构也时而出现,体现了日本早期变体汉文的一些特征。该书内容大略可分成:本辞、帝纪两个项目,以及上卷、中卷、下卷三个部分。

③ 《十七条宪法》是在日本推古天皇十二年(604年)所制定的17条条文。相传是由圣德太子制定的,内容与今日的日本宪法不同。它主要是包括对官僚和贵族的道德的规范和一些佛教的思想。为迄今所知日本法律史上第一部成文法典,但并非现代法律意义上的宪法。

④ 《五条誓文》是明治维新时期明治天皇颁布的施政纲领,为之后的明治维新奠定了基础。其具体内容为:广兴会议,万机决于公论;上下一心,大展经纶;官武一途,以至庶民,各遂其志,务使人心不倦;破旧来之陋习,基天地之公道;求知识于世界,大振皇基。

⑤ 朱子学是我国继孔孟思想以后儒家思想领域的又一成就。宋代朱熹及其门人创立的朱子学是我国传统文化发展史上的又一次高峰,其不仅极大地影响了中华民族思想文化,还跨越民族和地域的界线,传播到海外不少国家和地区,并对其思想文化产生不同程度的影响。

⑥ "污秽"意识是人类社会普遍的文化现象,一般表现为对死亡、分娩、经血等的避讳和禁忌。日本人有着比别的民族更强烈的洁净意识,这不仅表现在对神灵的圣洁不可侵犯以及对秽物、不洁现象的种种禁忌上,在一定历史时期还以此形成了一种社会规范,甚至发展为对特定人群的差别意识,形成了独特的"污秽观"。

⑦ 朝幕并存是指朝廷与幕府同时并存的统治体制。自源赖朝做"征夷大将军"开始,日本就正式进入了武士阶级掌握政权的"幕府政治"时期。在这个时期内,日本国内形成了一种畸形的政治局面:以天皇为首的贵族政权的朝廷仍旧在京都存在着,天皇名义上仍旧是国家元首,但是他并无实权;以将军为首的武士政权——幕府与朝廷同时并存,将军名义上由天皇任命,实际上却是掌握实权的最高统治者。

⑧ 日本有名的神话传说之一,叙述出云的大国主神将国土让给皇祖神的经过。

第二章
通过制作"一页纸"轻松实现的"20个字输入学习法"是什么?

📝 积累独具自身特色的归纳总结模板

只要稍作说明,大家就会明白为什么"由于厉鬼信仰而畏惧报应是日本历史的原动力"。

比如,为什么要修建"奈良大佛"?为什么要从平城京[1]、长冈京到平安京[2]频繁迁都?

为什么会产生幕府?为什么会形成"朝廷与幕府并存"的特殊形态的统治机制?

日本人为什么会重视"以和为贵"的思想?

在寻找这一系列问题的答案时,就会发现最终都会指向一个原因,那就是"由于厉鬼信仰而畏惧报应"。

"由于厉鬼信仰而畏惧报应",因此,才兴修大佛和频繁迁都。

在杀人或迫害人后,"由于厉鬼信仰而畏惧报应",朝廷才设立了幕府这个处理冲突和纠纷的机构,将棘手的麻烦事都交给幕

---

[1] 平城京是日本奈良时代的京城,地处今奈良市西郊。和铜三年(710年),元明天皇迁都于此。选择定都于此,是受到道教思想"藏风得水"的风水观念影响。直到784年桓武天皇迁都奈良市西边的长冈京,在这之间的70多年中,平城京是日本的国都,而这一时代也被称为奈良时代。

[2] 平安京是日本京都的古称,平安京是日本在延历十三年(794年)桓武天皇从旧都长冈京迁都后至1868年明治天皇迁都东京期间的首都,位于现在京都府京都市中心地区。

府处理。

之所以尊重"以和为贵"的价值观,也是怕终生不得志郁郁而终的人会在死后进行报复才选择趋吉避凶的缘故。

讲到这里,不知道各位读者会作何感想。

我想按照这种学习方法,用反映事物本质的高度凝练的一句话来解释诸多不同的现象,一定会给人一种酣畅淋漓的感觉。

在此基础上,应该再提升理解和说明的准确度,分清本质的适用范围,并加大学习的力度,力争掌握更为翔实可靠的信息。

之后,还应该反复审视20个字输入学习法的准确性,并不断更新完善。

如果按照这种方法学习,就可以防止陷入死记硬背历史知识的误区,避免出现"学而不思则罔"的问题。我想绝大多数想要"提升个人教养"的人,如果能够广泛积累这种经过归纳总结的"一句话",必然会真正体会到学习的成就感和满足感,读到这里,广大读者朋友是否也感同身受呢?

为什么现在要通过学习提升个人教养呢?

在这个实例中,我们接触到了教养这个概念,因此,请允许我先谈谈个人一些粗浅的看法。

"教养"这个词到底是什么意思呢？我的答案是：

"教养是为帮助人们自由漫步人生而学习的知识"

今后，通过进一步学习应用20个字输入学习法，大家一定可以不断提升自己"用简洁语言归纳总结的能力"。

与此同时，这种能力还会带动"洞察事物本质能力"的提升。

如果能够抓住"本质"，就可以用同一思路来理解不同的现象，这样一来，人们就会逐渐树立起牢固的世界观、社会观和人生观。

我认为教养就是为了"树立牢固的世界观、社会观和人生观"而必须学习掌握的知识。

本来，将日语中的"教养"翻译成英文就是"博雅"（liberal arts）的意思。

也就是说，提升"教养"的真正目的，就是掌握"liberal=自由生活"所需的"arts=技术"。

为了"自由"生活，需要树立"牢固的世界观和社会观"，并在此基础上，进一步培养"坚信自己要按照这种方式生活下去"的"人生观"，这些都是不可或缺的。

如果大家能够按照这种方式来思考问题，就可以清楚地了解"教养"这个词的真正内涵。

教养将成为一个人的"立身之本"

在我的生命之中,遇到的"有教养的人"往往都是一言一行中闪烁着自信光芒的人。

"从树立世界观、社会观和人生观"的角度出发,在求知欲和好奇心的驱使下,无论是青春期还是成年后,都可以如饥似渴地坚持学习知识。

如此长期坚持下来,就可以发现许多符合自身特点的本质,从而每到决策的关键时刻,都能按照正确的方向做出决断,在商业竞争中不断取得成功。

这样一来,就可以催生一种神奇的力量,遇到事情时,不需要一个一个去解释前提和条件,只要通过简洁的一句话就能说服对方,赢得大家的支持和理解。这种淡定从容的举止态度正是一个有教养的人应有的特征。

这是我个人的理解,如果用其他语言来表达这种特征,那就是"把握住了许多自信的'依据=本质'"。我认为这是尊崇自由人生的有教养的人必须具备的基本条件,不知道各位读者朋友们如何看待这个问题。

实际上,20个字输入学习法的框架图是一种再简单不过的学习模式。

但是，这种方法却是推动人们在实践行动中不断追求本质，向成为"有教养的人"的目标逐渐迈进的有效途径，甚至被有些人推崇为划时代的"教养培养"模式。

从本质来看，人们每天通过框架图实施的归纳事物本质的一句话训练，实际上就是树立牢固的世界观、社会观和人生观的行为，也就是：<u>用来帮助人们追求自由的"人文科学艺术"</u>。

对于"急于提升个人教养"的人而言，往往容易被"量"蒙蔽了双眼。

但是，随着人工智能技术的不断发展，在不远的将来，以"量"取胜的学习之路必然会越走越窄。

真正重要的是"应该按照什么标准，对适用于纷繁复杂现象的大量本质进行筛选，并做到真正地理解和把握"。

如果不能明确这个正确的学习观，就无法树立自己人生牢固的坐标轴，在这种状态下，学的东西越多就错得越远，最终只能白白浪费人生，给自己输入一些毫无用处的知识，陷入学无所用的窘境。

对于这种学习方法，我也还在不断摸索的路上，只不过是一知半解而已，希望广大读者与我一起并肩努力，在实践中坚持运用，完善"一页纸学习法"，朝着成为"善于洞察事物本质的有教养的人"的目标积极努力。

第二篇
"中级方法"：输出
（OUTPUT）

第三章

提升输出能力的"学习方法"

深刻理解把握学习内容，确保被人提问时可以阐明自己的观点

在第一篇初级方法中，主要介绍了"输入"型学习法，与之相对，在第二篇中级方法中，将主要介绍"输出"型学习法。

那么，"输出"（OUTPUT）这个词究竟是什么意思呢？

在工作中，我们经常会听到关于输出的词语，比如"输出是非常重要的""应该重视输出""输出情况将发挥决定性作用"等。

但是，出人意料的是如果认真地思考一下，就会发现许多人根本就答不上这个问题。换作是你的话，会怎样回答这个问题呢？

当然，与第一篇中涉及的各种问题相同，这个问题只是为了抛砖引玉，并没有唯一正确的答案。

经过多年的积累，我也摸索到了一些为众多商界精英认可，并且实用性较强的"本质性的答案"。

这些答案绝大多数都是我在对外举办讲座的过程中，与众多听众进行交流并归纳总结出来的经验结晶。其中之一就是以下20个字：

"输出"就是指可以对人"阐明"自己的意见

绝大多数被人评价为"精明强干"的商界精英，都深谙上述一句话的真谛，也就是说非常擅长说服他人。

你在这方面的能力如何呢？

你是否能简洁明了地向别人阐明自己的学习成果呢？

作为"输出"高手，我在丰田工作时的上司，"提问方式"也与众不同！

下面，我想和大家分享一段我刚进入丰田工作时的经历。

当时的我很幸运，被分到一位非常优秀的上司手下工作，得到了向他学习的宝贵机会。

如果要问他究竟哪里优秀，用一句话来总结，就是"输出能力"很强。

也就是说，他拥有出类拔萃的"说服力"。

记得有一次，上司突然被公司的部长叫了过去，部长问道：

第三章
提升输出能力的"学习方法"

"你说说那项工作到底进展到什么程度了?"

我在旁边听到了他们对话的全过程。虽然部长是突然发问的,但是上司却能在瞬间厘清自己的思路,回答说:"哦,你说的是那件事啊!那项工作主要有三个关键问题需要解决。首先,是与其他部门沟通确认……"简明扼要的回答解释了部长关切的问题。

当我看到他对答如流的场面时,内心感受到了极大的震撼。

之所以会产生这种感觉,是因为当时上司向部长侃侃而谈的工作,其实并不是他负责的业务。

既然不是自己负责的业务,为什么还能那么简洁明了地回答问题呢?甚至可以说比具体的负责人还要了解情况。

并且,还是被部长"突然拎过去的",根本没有时间准备,在这种情况下,他为什么能够处理得游刃有余呢?

如果是偶尔一次的话,还不足为奇,但是,之后我又多次目睹了类似的情况,为了解决心中的疑惑,我忍不住直接向上司提问:"为什么您每次都能那么完美地回答别人提出的问题呢?"

上司的回答非常简单,但又切中要害。

"我在认识事物时,总是抱着随时准备向别人解释的心态去深入体会的。"

这句话一直影响着我，可以称得上令我受益终身的至理箴言。

只是死记硬背上司的原话，已经远超30个字了，因此，请大家按照下面的一句话来记忆，以便铭记在心。

理解是指"自己可以向别人解释清楚的状态"

不知道你是否能够真正理解我提出的这20个字的价值。

大多数学习的人往往会将下述一句话作为评价学习效果的前提。

理解是指"觉得只要自己明白就万事大吉了"

总而言之，关于"理解"这个词的定义总是带有浓厚的"个人主义色彩"。

与之相对，"输出"型工作观和学习观则完全不同。在这种观点的支配下，人们并不在乎是否有实际场合对人进行说明，而是站在更高的层次上，从平时开始就养成习惯，无论学习什么内容，都能按照随时随地可以向别人进行说明的标准严格要求自己。

针对刚才归纳出的观点，如果从"学习"的主题重新进行总结的话，就是"理解是指站在可以对别人解释清楚的高度分析思考的行为"。

在第一篇中，我从"记忆""探寻本质"以及"提升教养"等角度出发，对学习这个词进行了定义。

在以"输出"为主题的第二篇中，我将从"说明"的角度出发，对最应该重视的关键词进行分析思考。

为什么精英们回答问题的能力高人一筹呢？

在这一节中，将与大家分享我从丰田离职后，进入顾彼思商学院[①]工作时的经历。

在这一时期，我的工作就是搜集各界著名人士参加专题研讨会或发表主题演说的素材，然后将其作为学习内容上传至顾彼思商学院的官网。

由于工作性质的关系，我每天都接受着最前沿学术知识的熏陶，犹如泛舟在知识的海洋中，充满了刺激和挑战，对业务工作

[①] 顾彼思（GLOBIS）商学院成立于1992年，是日本最大的商学院，提供全英语教学的全日制工商管理硕士课、在职工商管理硕士课以及企业高层经理培训课程。如今，在日本众多的商学院中，顾彼思商学院以其高水准和实践性强的课程设计、在实际商务中有着丰富经验的教师群以及高质量的服务水平，赢得社会广泛认可。顾彼思商学院以MBA科目为基础编纂出版了"MBA轻松读"系列图书。

的内容感到非常痴迷。

参加会议发表演讲的人都是各行各业首屈一指的精英，但是他们有一个共同点，那就是"回答问题"的能力要远比普通人高出一筹。

在演讲结束后，每次都有听众现场提问的交流环节。无论是哪个主讲人都能在现场迅速理清思路，并用简明扼要的语言回答观众们的提问。这些人与我刚进丰田时有知遇之恩的上司一样，都是反应极其敏锐、视野极其开阔、思维极其缜密的精英。

最重要的是他们除了能够准确地回答问题以外，在言谈举止之中，还流露出了极强的个人魅力，给人一种"这个人精明强干"的印象，令人钦佩不已。

结果，这些精英征服了现场的听众，集万千崇拜于一身，经过大家的口口相传，声名逐渐远播，成为极具影响力的名人。

如果大家从平时开始培养这种言谈举止，将来必然有所成就，得到大家的认可，被奉为行业的翘楚，这是再自然不过的事情。在采访的过程中，我逐渐体悟到了这个道理。

那么，他们在面对突如其来的提问时，为什么能够从容应对，立即给予巧妙地回应呢？

答案很简单，还是上文中提到的"'因为是站在可以对别人解释清楚的高度'来理解问题的"。

无论是我在丰田工作时遇到的上司，还是在商学院时遇到的各行各业的精英们，这些事业有成的人有一个共同点，那就是都具有高人一筹的解释能力。正因为如此，我才从多个关键词中选择"解释能力"作为"输出"的定义。

解释能力对工作成绩评价具有决定作用

如上所述，如果从"可以对人解释清楚的高度"的定义出发，开展"输出"型学习的话，将带来一个显著的优点，那就是"来自周围的评价会不断提高"。

通过学习"初级方法"，想必你已经跳出了那些肤浅表面的知识陷阱，进而积累下许多可以吸引人们倾听的本质性知识。

当你能向人们简洁易懂地解释这些知识时，周围的人对待你的态度是不是也在发生转变呢？

实际上，正如我在商学院的讲座现场应答环节感受到的那样，能够简洁易懂地解释所学知识的人，都有一种谈吐脱俗、卓尔不凡的气质。

人们往往会对这种人萌生崇拜感，给予高度评价，并自觉产生"想要追随他们"的想法。正因为如此，他们才能逐渐成为行业的领军人物，在各自的领域独领风骚。

不仅仅限于管理者，许多人都接受并认同"优秀的政治家=著名的演说家"这一判断标准。

"解释能力"是评价一个人工作水平的极为重要的因素，决定着个人在所在单位的评价高低。

虽然只通过"渴望被肯定"来激发"输出"型学习积极性的做法并不值得鼓励和推荐，但是我们不能否认每个人身上都或多或少存在这种动机。

更何况在评价工作时，就更要在乎了。

我们应该以此为契机，彻底摒弃"觉得理解就是只要自己明白就万事大吉了"的传统观念，在"所谓学习是指站在可以解释清楚的高度分析思考的行为"这种"输出"型学习观的指导下，实现认识的转变、升华。

有助于"理解"的三个疑问词

通过上述论述，我想大家肯定对"输出"，也就是站在"可以向别人解释清楚的高度"学习的真正意义有了一定的认识和了解。

但是，如果要讨论现在是否已经到了可以切入实践方法论的程度，我想还为时尚早。在这里我们还需要解决一个重要的问题，与大家达成一个普遍共识。那么，这个问题是什么呢？

就是所谓理解究竟是指什么。

实际上，如果换个说法，"按照可以向别人解释清楚的目标来学习"，就是在学习时应该遵循一个标准，那就是对方在听到你的解释后，可以发自内心地欣然说出"明白了"这个词。

因此，要想做到真正理解，必须先消除一个疑问，那就是："究竟应该怎样做，才能让对方确确实实地感到明白了？"

所谓"理解"就是消除了"三个疑问"的状态

这20个字就是对我特有的复杂逻辑思维进行分析梳理后的经验结晶。

在这里请允许我再回忆一下，当时在丰田每天编写"一页纸"资料时的往事。这次要关注的关键点是"资料中的包袱[①]"。

当时，每次向上司和同事展示自己编写的材料时，必须使尽浑身解数，不停地"抖各种包袱"才行。

因为在汇报的过程中，会遇到各种各样的刁钻提问，有些提问确实专业性极强，而有些非常愚蠢根本就与主题风马牛不相

---

① "包袱"是相声的术语，指的是经过细密组织、铺垫，达到的喜剧效果。

及，可以毫不夸张地说，"汇报者就像被吊打的沙袋一样，遭受着粗暴至极的对待"。

虽说如此，在这种情况下，并不意味着就一定要像沙袋一样自暴自弃，陷入被动挨打的局面，反而可以细致地观察分析从什么角度会打来什么样的拳法。

能否考虑对这个问题进行一定程度的分类和细化？

只要能够总结出一定的模式，就可以有针对性地进行应对了。

基于这个观点，我针对"报联商[①]时的包袱"展开了多年的独立研究。

结果，终于发现了其本质，归纳起来如下所述：

所谓"理解"就是消除了"三个疑问"的状态，也就是"What？""Why？""How？"这三个疑问词。

通过"What？""Why？""How？"进行分析总结

比如在第26页中，我曾经介绍过在丰田工作时期编写的"一

[①] 是日语"报告、联络、磋商"一词的简称。

页纸"资料。在这里就可以用"What？""Why？" "How？"，对资料中的所有项目进行分类。

·企划概要、会谈结果、明确问题、分析现状等=What？

·企划背景、出差目的、总结原因等 =Why？

·预算、采购对象单位、日程表、今后的应对措施、制订应对方案等=How？

作为补充，还可以考虑在"采购对象单位"中追加"由谁=Who？""在哪里下订单=Where？"。但是，仔细思考一下，就会发现这两个问题都可以囊括在"如何实现？"的问题中，因此，可以划分到"How？"的范围内。

需要解决的关键问题都可以分类成三个疑问词。

在抓住了这个本质之后，就可以按照"What？""Why？""How？"的框架，来组织自己想要编写的材料。

于是，按照这种说明风格可以应对自如的场面，呈现出急剧增加的趋势。

不仅如此，需要"逗哏""抖包袱"去取悦"观众"的情况变得越来越少了。通过在工作中充分发挥本质的作用，可以有效提升沟通交流的效率。

为人称道的思考总结是指什么？

将自己想要表达的信息准确地传递给对方，从而推进工作顺利进展，这是一种愉快的工作体验。

在反复经历这种体验的过程中，我的内心自然而然地形成了"某种想法"。所谓的"某种想法"是指"常态按照'消除三个疑问'的方式进行思考总结"。

也就是说，不管是否需要向别人进行解释说明，在分析问题时，都自觉地按照消除三个疑问词的方式进行归纳总结。

只要长期坚持，这种分析问题的思路就会成为自然而然的习惯。

当然这是我从上文中提到的丰田的上司身上学到的宝贵财富。但是，我与他之间还是存在着决定性差别的，那就是我的方法伴随着"编写材料的具体行动"。

在第二章中曾经做过详细的论述，伴有具体行动的实践是比较容易形成思维模式和习惯的。

如果用"从上司身上学到的知识"×"通过编写材料开展的实践行动"，就可以自然而然地养成"输出"型的思维方式。

实际上，这种思维方式带来的积极效果是令人震撼的。

因为这种思维方式可以彻底避免陷入"缺乏自知之明，不知道自己一无所知"的状态。这是因为总是坚持"必须消除三个疑问词"的缘故。

再也没有比这更简单直接的"依据"了。正如第二章中关于教养的解释一样，"依据"是人们表现出言行自信的原动力。

对"理解"的状态进行管理

通过明确"理解到什么程度就可以了"，能够逐渐减少烦恼。

本来，"理解"这件事本身就是无休无止的。

比如，关于电视机的遥控器，想必大家肯定都"了解"它的使用方法。

但是，如果突然被问到"为什么遥控器能实现遥控？"，恐怕没有几个人能说明它的结构原理和运行机制。

从这个角度来看，可以说大家还处于"没有理解"的状态。

此外，就算能解释清楚运行机制，如果再继续追问"为什么在这种机制下可以发挥作用呢？"，还是能够继续深入挖掘出更多的知识。

如上所述，既然"理解"是没有止境的，那么就必须明确画出一条线，帮助大家确定到了什么程度就算"理解了"。

我将这种行为称为"针对理解的管理"。作为需要画出的重点线，最实用的关键词恐怕就是"当你真正消除三个疑问词时就算理解了"。

按照这种方式定义"理解的方法"后，有效减少了每天因为思考总结而陷入迷茫状态的时间。由于能够反复体验"理解了"的感觉，因此有利于更加坚决地开展行动，并进行解释说明。这样一来，成功的经验就逐渐变得越来越多了。

这种充满自信的言行举止，往往会赢得周围的好评，并带来积极的效果。

为了培养与"输出"型学习方法相适应的言行举止，在理解方法方面，必须养成"消除三个疑问"的习惯，这一点不可或缺。

真正理解"2W1H"的内涵

实际上，这一节是对"初级方法"的回顾复习。所谓学习是指累积"思考总结"的过程。

因此，可以归纳出下述结论。

第三章
提升输出能力的"学习方法"

<mark>学习也是只要消除了"三个疑问"就达到要求了。</mark>

如果树立了这种基本学习观,就可以提升个人学习能力,无论学习什么样的主题,都能有效地抓住"理解了"的感觉。

之后,如果能向其他人解释清楚自己"理解了"的内容,就可以带动周围大部分人进步,帮助他们体验到"理解了"的感觉。

此外,我之所以将疑问词锁定在上述三个词的范围内,还有一个理由。

那就是人们理解问题的方法总是倾向于这三个疑问词中的某一个。

你可以问问自己是不是喜欢使用"Why?"这个疑问词,一遇到问题就想打破砂锅问到底。

在现实生活中,有些人非常重视"What?"这个疑问词,一遇到问题就想通过大量的实例和案例研究来解决。

此外,还有些人喜欢用"How?"来理解事物,光是提一些怎么做的问题,比如"那么,应该怎么办呢?""该怎么做呢?""下一步该干什么呢?"等。

说到这里,广大读者朋友可以问问自己,在你理解问题的方

97

法中，究竟有什么样的倾向呢？在你的学习方法中，是否有偏爱使用某个特定疑问词的习惯呢？

如果只用自己熟悉的理解方法进行输入或输出的话，是难以总结出简洁易懂的规律来向人解释清楚的。

虽说如此，并不意味着我们要准备五六个"理解方法"的切入点，事实上，只需要上述三个疑问词就足够了。

也就是说，在输入时，始终应该注意真正解决"What？""Why？""How？"这三个疑问词对应的问题。

如果坚持按照这个理念进行输出说明，那么不管眼前出现偏好哪种理解方法的人，都能跟上他们的思路，确保切中"理解了"的关键点。

如果通过解释能够消除"三个疑问"，那么无论持哪种理解方法的人，都会觉得"这是经过全面分析后做出的解释说明"，从而心悦诚服地表示"通过你的解释，我已经充分理解了"。

当你实际体验一下后，一定会对这种方法的效果感到惊诧。

请大家一定使用第四章将要介绍的"一页纸"模板进行体验，感受一下解决问题带来的成就感。

最后，我们用19个字对本章的内容进行浓缩提炼、归纳总结，那就是：

学习就是消除"三个疑问"的思考总结行为

读到这里，我想大家肯定都能把握"输出"型学习法的本质了。

在具备了彼此都能接受的前提的基础上，我们终于要转入具体实践的章节了。

第四章

从多种学习方法中脱颖而出的"3Q输出学习法"是什么?

3Q 输入学习法：实例 1
如果能回答三个疑问，很快就能做出解释说明

让大家久等了！下面，我将开始介绍"一页纸运行体系"中的"中级方法"——"3Q输出学习法"的"一页纸"框架图。

所谓"3Q"，就是指第三章中介绍的三个"Question=疑问"。

在展开详细介绍之前，我要先说明一下本章内容与第一篇之间的联系。

在学完"初级方法"中的20个字输入学习法之后，我想大家的头脑中肯定积累了大量接在总结性词语后面的句子，这些总结性词语有"总而言之""如果用一句话来归纳""归根结底"等。

只是当你向周围的人进行解释输出时，如果仅仅使用20个字输入学习法的话，恐怕很少有人能真正"理解"。

虽说如此，我们决不能因此而否定20个字输入学习法在输出方面的价值。

在本书中，首先做的是避开繁枝末节，直接指出了反映事物本质的归纳总结。

一页纸学习法

图4-1 3Q输出学习法的框架图

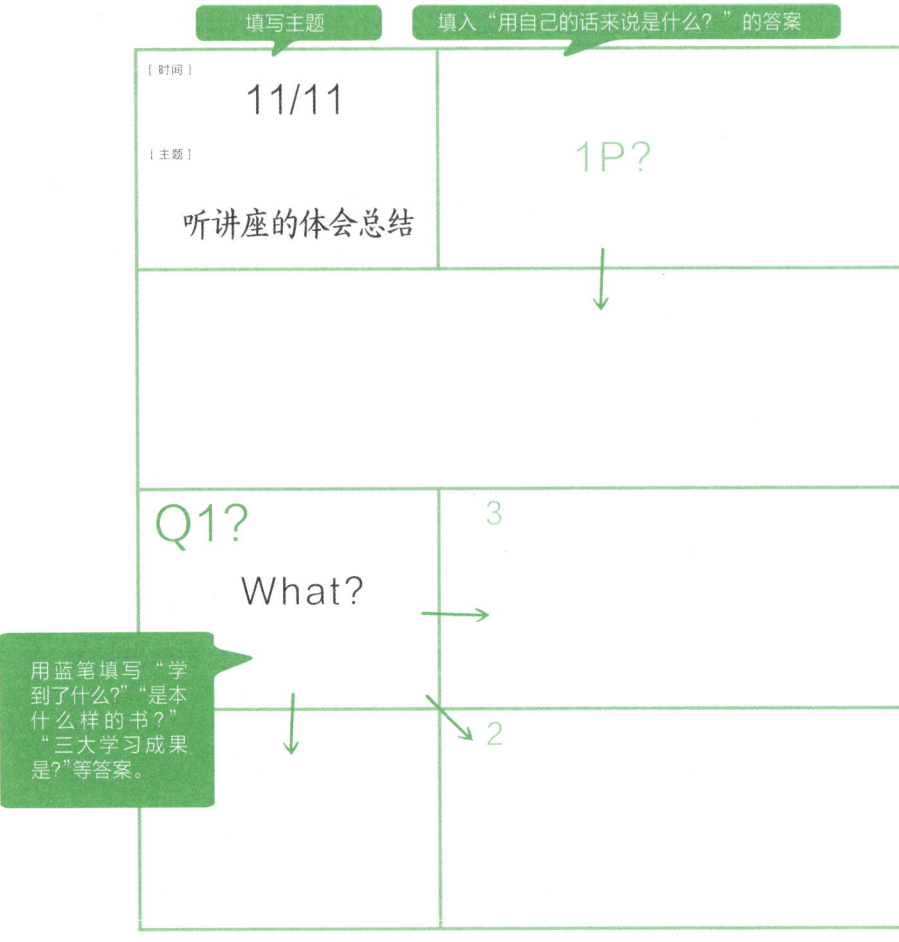

第四章
从多种学习方法中脱颖而出的"3Q输出学习法"是什么?

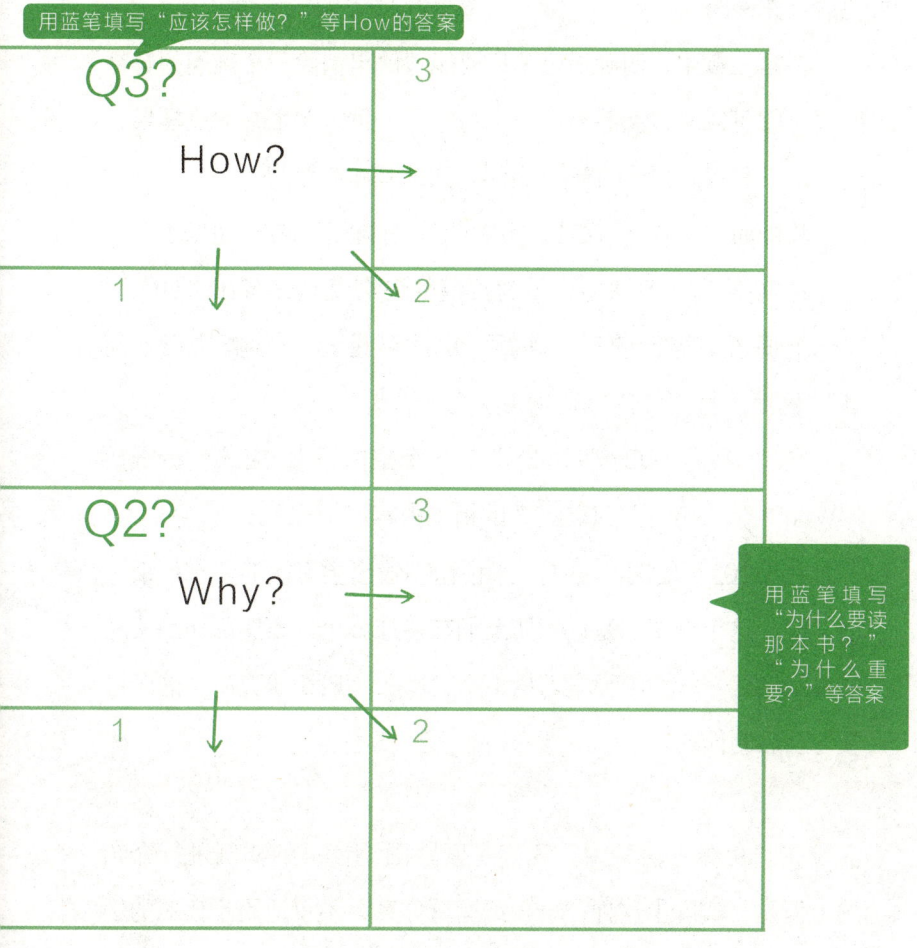

在"初级方法"中，以这一点为前提条件，进一步进行了必要的补充说明。

在第三章中，明确指出了只要能"做出消除三个疑问的解释说明"就可以了，然后将这一点写在"一页纸"上并形成框架，这就是下面将要介绍的3Q输出学习法的基本模板。

具体而言，就是将第104页中图4-1的框架写在一页纸上。

在3Q输出学习法中，最为关键的诀窍就是分布在"1P？"（一个词语）周围的三个问题。由此可见，"3Q=解决三个问题"，因此才将其命名为3Q输出学习法。

在"Q1？""Q2？""Q3？"的各个空白格中，应该填写概括"What？""Why？""How？"的相关内容。

在第107页的图4-2中，引用了3Q输出学习法的"一页纸"框架图，这个框架图是读者朋友们在参加我个人第四部作品《从书本到实践："一页纸"学习松下幸之助》（PHP研究所）的研讨学习会后制作的。

在"初级方法"中，我都是紧紧围绕读书的实例进行介绍的。但是，实际上这种"一页纸运行体系"不仅适用于读书的场景，还可以在研讨会和讲座等"从别人的讲述中学习"的场景

第四章
从多种学习方法中脱颖而出的"3Q输出学习法"是什么?

图4-2 参加讲座和研讨会的归纳总结

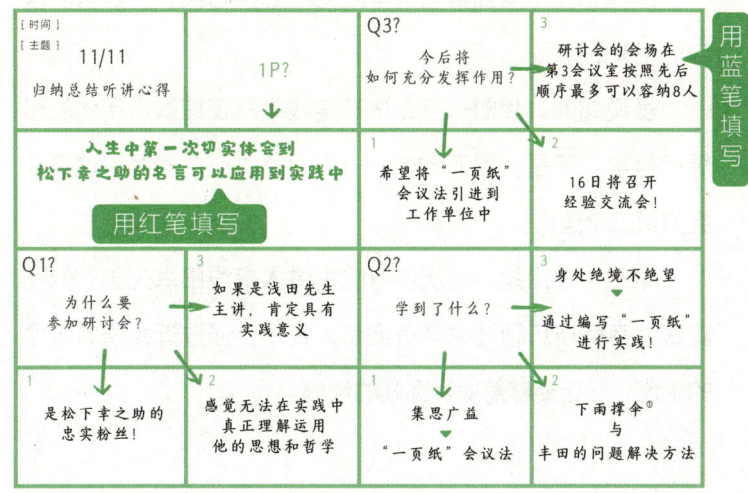

下,充分发挥作用。

如果能够按照这种方式,将"一天"的培训内容归纳总结在"一页纸"中,那么,说明的效果将会如何呢?

下面所引用的内容,就是受训者在参加培训后,使用"一页纸"向所在单位汇报时的心得体会。

---

① 这是松下公司创始人松下幸之助接受记者采访时,面对如果下雨了该怎么办时的回答。其寓意是将理所当然的事情尽力做到最好。不仅要做,还要选对时机、用对方法,这就是销售和经营的要领。切忌违背常理,要按照自然规律去做,尽力做到极致。逢山开路,遇水搭桥,后来这也成为松下幸之助的经营心经。

我想说的第一点，是我来参加讲座的三个理由。

第一个理由是我是松下幸之助的忠实粉丝，一直喜欢读与他相关的作品。

虽说如此，我却一直无法在实践中真正理解运用他的思想和哲学。于是，我下定决心一定要解决这个问题，这是参会的第二个理由。

第三个理由是，这次讲座的主讲人是浅田卓先生，他在实践性商务技巧领域中享有盛誉。我想，通过近距离聆听他的讲座，一定能够解决我面临的烦恼。

我想说的第二点，是关于我具体学到了什么。这大体可以分为三个方面。

第一个方面是"集思广益"。在交流的过程中，逐渐领悟到运用"一页纸"会议法这一独特方法实践这一名言的具体路径。

第二个方面是"下雨撑伞"。虽然这是松下幸之助的名言，但是，通过与丰田的问题解决方法相对比，取得了令人眼前一亮的效果。

第三个方面是"身处绝境不绝望"。用一句话来概括，就是在强调积极思考的重要性。那么，应该如何在实践中积极思考呢？

我想只需要通过编写"一页纸"框架图这种极其简单的方法，就可以实现理想的效果。

我想说的第三点是对如何在今后的工作中充分发挥此次学习的成果进行总结。

从学习的目的在于服务工作这一角度出发，我希望加速引进"一页纸"会议法的进程。具体而言，将在下周的16日召开"一页纸"会议法的实际体验会。会议场所定在第三会议室，按照到会先后顺序，最多可接待8名参会者。

在亲自体验过一次后，无论是谁都能轻松地复现这个过程，因此，请大家一定调整好自己的工作日程表，拨冗前来参加！

此致，感谢大家！

大家读过一遍后，有什么感想呢？

能够将这种"报联商"当成日常工作坚持下来的商务人上，不就是人们口中的"说明问题清晰透彻""才华卓越""精明强干"的人吗？

正如第三章中所述那样，在日常工作中，如果能站在这种高度思考问题并解释清楚，那么，来自周围人的评价自然会越来越高，个人的口碑也会越来越好。

<u>"解释能力"是提升个人品牌形象的原动力</u>

我想大家应该都想掌握这种输出能力吧？

01 编写三个疑问句

下面，我们将针对框架进行详细说明。

在这一节中，将引用参加研讨会的实例进行分析。

希望大家先明确一点，那就是在"Q1？""Q2？""Q3？"栏中用绿笔填写的三个疑问句。

Q1：为什么要参加研讨会？

Q2：学到了什么？

Q3：今后将如何充分发挥学到知识的作用？

这些疑问句并没有与疑问词对应起来。

如果标明对应关系，就如下所示：

Q1：为什么要参加研讨会？ →Why？

Q2：学到了什么？ →What？

Q3：今后将如何充分发挥学到知识的作用？ →How？

在这里并没有严格按照"What？""Why？""How？"的顺序，而是使用了"Why？""What？""How？"的顺序。但是，并没有影响人们的理解，反而可以更加清晰地反映出三个疑问句的逻辑关系。

由此可见，疑问词的顺序是可以相互交换的。

当然，你可以尝试各种各样的排序组合，并通过实践验证究竟哪种组合是最佳选择。你尝试的次数越多，对三个疑问词的理解就越深入，熟悉程度也就越高。

总而言之，最关键的就是进行深入的思考总结，以消除"What？""Why？""How？"这三个疑问。

如果按照这种思维方式进行定义，就会发现所谓"输出学习法"就是不断练习编写"一页纸"框架图，并锻炼归纳分析的技巧技能，最终达到熟能生巧的目的。实际上，如果明确了这三个疑问词，进行归纳总结时，只需要达到"能够解释清楚的水平"就足够了。

此外，我们将填写各个问题答案的空格也划分为"三个一组"。

针对一个问题，如果罗列五个甚至十个关键词进行解释说明，那么，对方根本就记不住，甚至还会丧失对整个问题的全局性理解。

正因为如此，我们才对问题本身和问题答案进行限制，明确规定"尽量归纳在三个以内"。

所有的一切都是为了锻炼你的"解释能力=与输出能力直接相关的思考总结能力"，这一章中提到的用"规定"进行限制的世界观，与"初级方法"中的规定的出发点基本一致。

02 填写问题答案

在确定了包括"What？""Why？""How？"三个疑问词的问题后，就进入了填写问题答案的流程。

与"20个字输入学习法"相同，请使用红笔填写"1P？"的内容；同时，使用蓝笔填写各个问题的答案。

那么，在实际操作中，应该如何进行填写呢？如果是参加研讨会，在听讲之前，应该先填上"为什么要参加？"。如图4-3所示，应该先填写"Q1？"对应的空格。

至于"为什么要先明确目的"，在"初级方法"中已经进行了充分的论证，在此就不再赘述了。

在明确了"Q1？"之后，就可以开始听讲了。

图4-3 参加讲座和研讨会的归纳总结

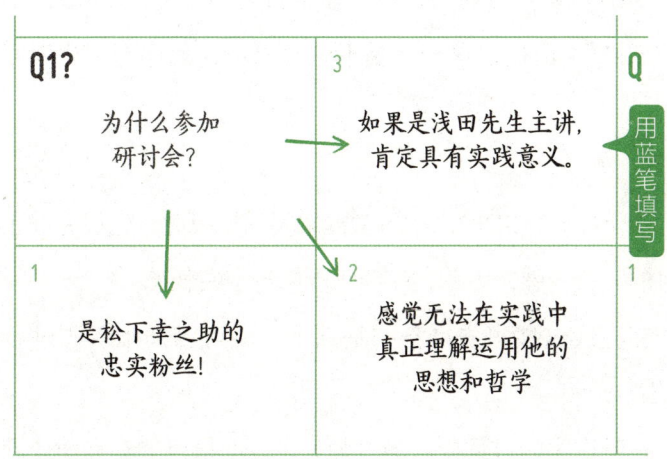

在听讲时，请按照下述两种方法中的一种来记录笔记。

第一种方法是在笔记本上简单记录摘要的方法。

由于可以按照自己习惯的方法来记录笔记，因此，在听讲之后，需要重新填写3Q输出学习法框架图中剩余的空格。

第二种方法的基本风格是与"初级方法"相结合，也就是==边填写20个字输入学习法的框架，边听讲==。

除了3Q输出学习法的框架图以外，还要准备一页20个字输入学习法的框架图，以便用来做笔记，如图4-4所示。

有一点需要大家注意，在这种情况下，"P？"栏可以空着不填。

如果非要填写的话，可以写上目的是"完成3Q输出学习法的框架图"。但是，这一点是不言而喻的，就算不写明大家也能理解。

由于在制作3Q输出学习法框架图的模板时，已经完成了"明确目的"的步骤，因此，完全可以保持空白状态。

在完成这些事先准备的基础上，就可以开始听研讨会的讲座了。

在听讲座的过程中，当讲师为了证明自己的观点而谈到某些

第四章
从多种学习方法中脱颖而出的"3Q输出学习法"是什么？

关键词时，你可以拿起蓝笔，在记录笔记用的20个字输入学习法框架图的中间部分进行记录。

在这个流程中，最重要的关键点就是"与讲师是否强调相比，更应该优先重视是否对实现目标有益"。

如果无法实现目标，就丧失了参加研讨会听讲座的意义。投入的资金、时间和精力都会付诸东流，变得毫无意义。

因此，我们更没有必要去搜集整理那些与实现目的无关的内容。也正是出于这种听讲方式，我们才能将归纳总结的观点控制在16个空格以内。

为了熟练掌握这种学习方法，需要稍微耗费一定的时间。

请大家积极参加各种形式的研讨会和讲座，并利用每次机会进行实践训练，不断积累经验。

图 4-4 填写 3Q 输出学习法的框架图

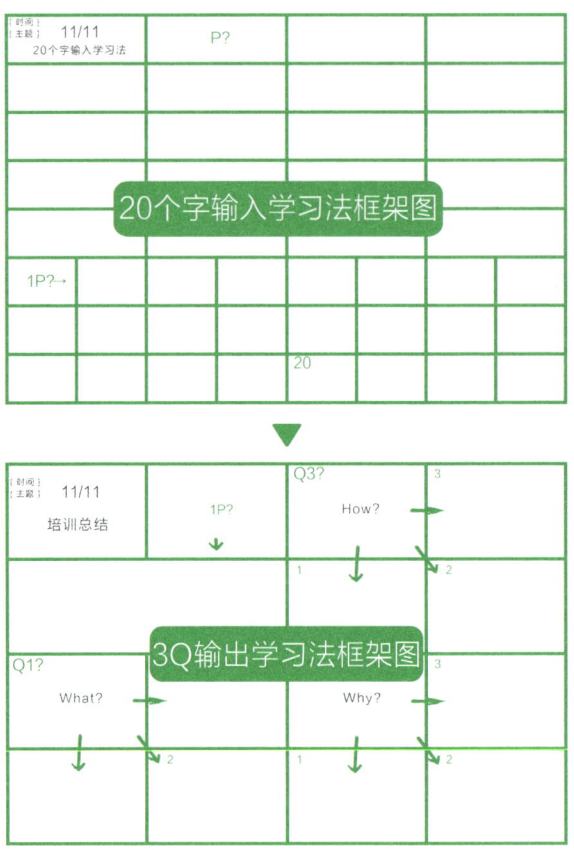

第四章
从多种学习方法中脱颖而出的"3Q输出学习法"是什么?

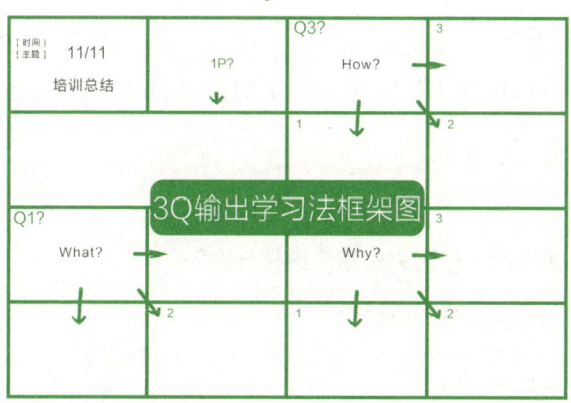

117

03 完成20个字输入学习法

在研讨会和讲座结束后,首先要做的就是完成20个字输入学习法的框架图。请取出红笔,按照"1P?"空白栏内可容纳的字数标准,归纳总结自己的观点。然后,按照要求将总结字数控制在20个字左右,并填写在3Q输出学习法框架图的"1P?"栏内,如图4-5所示。

在这种情况下,可以对20个字输入学习法框架图的模板进行反复推敲,做出并填写更加简明扼要的归纳总结。

此外,我认为如果有按照20个字输入学习法框架图制作的摘要笔记,不仅可以快速地填写"1P?",还能在短时间内填上"Q2:学到了什么?"。

通过同样的方法,甚至还能完成"Q3:今后将如何发挥作用?"的填写。

在具体操作中,请大家按照5分钟至10分钟的标准,力争在规定的时间内完成。

- 如果用一句话来总结应该是什么?
- 为什么要参加研讨会?

第四章
从多种学习方法中脱颖而出的"3Q输出学习法"是什么?

图4-5 在20个字输入学习法框架图的基础上制作"3Q一页纸"框架图

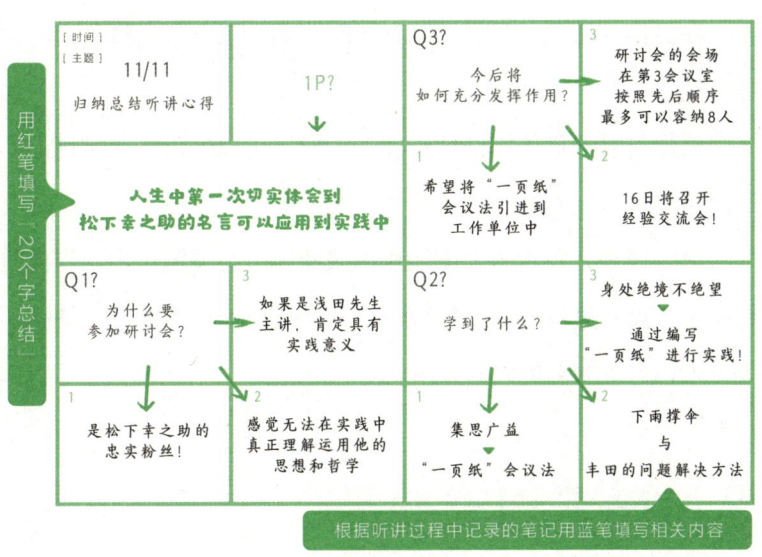

- 学到了什么?
- 今后将如何充分发挥学到知识的作用?

针对这些问题,如果能通过简明易懂的形式进行归纳总结,无论是谁都可以正确理解。也就是说,仅仅通过制作"一页纸"

119

框架图，就可以在工作和生活中，充分实践"力求简单、易懂地向他人解释问题"的学习方法。

不知大家读到这里有什么感想。

在具体实践时，我推荐3Q输出学习法与20个字输入学习法组合使用。

只是当感到具体操作的难度较大时，可以使用之前常用的笔记记录法。

总而言之，我希望大家能积极果断地迈出关键一步，当体验到哪怕一点儿进步带来的喜悦时，就应该按照自己的方式继续实践下去，力争取得更大的成果。

重点：填写框架图时的注意事项

填写框架图时还有三个关键点需要注意，在此一并进行说明。

第一个关键点是不必在意填写"1P？"的时间，可以是一开始就填上，也可以是到最后再填写。

上文所述的实例是从预先填写好"1P？"的状态开始的。

与之相反，实践证明，有些情况下，是在回答三个疑问的过程中，才逐渐明确"1P？"的。

不仅如此，正如上述实例中介绍的那样，在今后的实践中，也会经常出现预先填写好与目的相关的部分的情况，具体而言，就是"为什么参加讲座？为什么读书？为什么购买？"这一系列"Why？"等内容。

只是在实际操作中，关于这一点，也会出现不同情况，比如"在读书的过程中，逐渐了解目的"等。

在现实中，可能会发生各种各样的情况，因此，请广大读者朋友不要过分执着于实例中提到的填写流程和顺序。

"不管过程如何，只要最终能填上就行"的实用主义理念反而更具有实践意义。

第二个关键点是"在遇到问题和挫折后，可以通过与其他框架图组合重新恢复动力"。

比如，在今后的实践过程中，很可能会出现顺利地回答了"What？"和"Why？"的问题，但是，却无法解决"How？"的情况。

在这种情况下，希望大家用绿笔制作如图4-6所示的"一页纸"框架图，并作为解决问题的补充手段加以利用。

具体到上述实例中，就是围绕"今后应如何充分发挥作用？"这一主题来制作框架图。

然后，从用蓝笔写出的关键词中，挑选出可以转化为实际行动的部分，并通过红笔框出来。

在一定程度上归纳出观点后，可以再次挑战填写3Q输出学习法的"Q3？"部分。如果可以顺利完成，就证明已经实现了补充完善的目的。

此外，关于如图4-6所示"一页纸"框架图，是我在多本作品中反复介绍的全部"一页纸"框架图的原型（相信读过我其他作品的朋友们肯定会对此有印象，这就是被称为"Excel1"的框架图）。

图4-6 通过"Excel1"进行补充完善

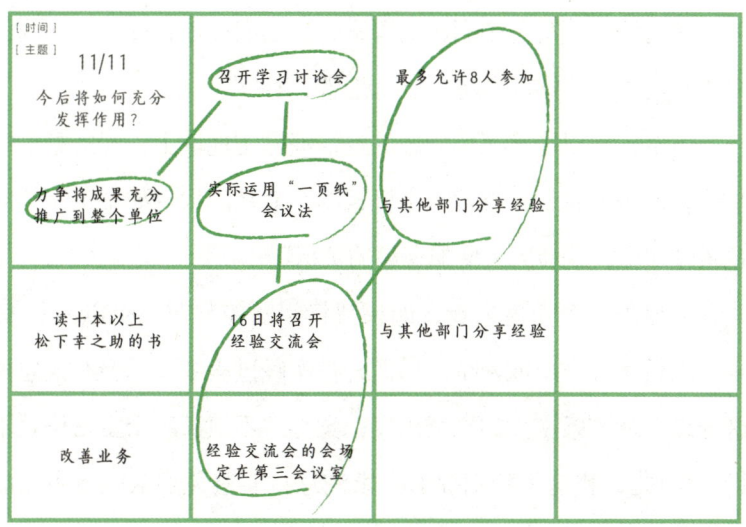

由于"Excel1"的作用是不断积累自己想到的各种问题,因此,与20个字输入学习法的框架图相比,其对格式和内容的限制就相对宽松。这样一来,反而令许多人感到舒服,觉得使用起来非常轻松自由。

有鉴于此,在参加研讨会记录笔记时,最好使用"Excel1",而不是20个字输入学习法的框架图。

最后一个关键点就是"请不要形而上学地机械看待填写框架

图这件事"。

换句话说，就是要避免陷入"将手段当成目的"的陷阱。

在用蓝笔填写各个问题的答案时，人们往往会提一个问题："是不是不管怎样都要将三个问题都填满？"

当然，如果能将三个问题的空格都完美地填上，无疑是最理想的。但是，我最初推荐这个框架图，就是因为"如果填写的问题超过四个，就会大大增加理解的负担"。

从另外一个角度来看，如果"将问题控制在三个以内"，完全可以只回答一个或两个。然而，在实践过程中，总会有人忽视这一点，从教条主义的立场出发，觉得"不填满三个空白格就不行"。因此，我这里特别提醒大家注意，要避免陷入教条主义的陷阱。

如果非要勉强地凑齐三个空白格，反而会干扰大家对于问题的理解，影响说明的效果。最好还是随机应变，根据情况做出决定，该减少数量时就应该毫不犹豫地坚持。

请大家在这种理念的指导下，不必在意填不上某些空格的问题，将关注的焦点聚集在具体实践中，从而更加积极地尝试挑战这种模式。

第四章
从多种学习方法中脱颖而出的"3Q输出学习法"是什么?

3Q 输出学习法：实例 2
将大部头著作的内容与行动紧密联系起来

下面，我们将介绍第二个实例。

这次要将关注的焦点转回到"从书中学习"的背景，研究一下曾经赢得商业类书籍大奖的三谷宏治的作品《经营战略全史》（discover 21出版社）。

正如书名所示，这本书主要是以"经营战略的历史"为主题的，因此，在阅读时，应该先明确读书的目的是"了解经营战略的本质是什么"。

作为与"初级方法"中介绍的实例相关的基本学习途径，大家可能读过许多类似的书籍。

只是在这里我之所以选择这本书进行介绍，还有一个特殊的理由，那就是它的整体篇幅达到了432页。

一般来说，在读这么多页数的书时，许多人都将读到最后作为自己的目标，根本就不记得更为重要的"内容是什么?"的部分了。可以毫不夸张地说，页数多的大部头书籍会令读者在不知不觉间将"输出"型学习法抛诸脑后。

你是不是也经常遇到这种情况呢？

从最近位于畅销书排行榜前列的两本书来看，《人类全史》（河出书房新社），上下两册共计500多页，《21世纪的资本》（高野竹书房）更是达到了700多页。

如果你读过这些作为畅销书的大部头著作，或者你并没有读过但可以设想一下，自己是否能用"一页纸"的篇幅说清书的内容？

如果觉得自己做不到，又怎么有把握将学到的知识充分运用到日常工作中呢？

一旦反复遇到这个问题，恐怕大部分读者都会觉得"太难了，真的让人束手无策啊"。

由于读者朋友们往往是从百忙之中挤出大量时间来读书的，因此，希望大家能充分发挥3Q输出学习法框架图的作用，实现由"消费"型读书观向"投资"型读书观的转变。

📗 归纳法的流程

怎样才能做成如图4-7所示的3Q输出学习法的框架图呢？

基本的作图方法与最开始时介绍的实例相同。

在读书前，先要明确并预先填写"Q1？为什么要读书？"。

在这个实例中，可以填写三个内容，即"为了了解经营战略的本质""为了充分运用到制订自身的战略方案中""为了帮助不善于策划方案的人"。

正如上一章中提到的那样，只要控制在三点以内就可以，没有必要非得勉强凑齐三点。

就算只能填上一个，也没有任何问题，因此，请在自己的能力范围内尽量去填写。

在明确目的后，就可以按照平时的习惯去读书了，其流程与最开始的实例基本相同。

不过读书的情况与参加研讨会不同，很难提前准备20个字输入学习法的框架图，在里面边做笔记边读。

因此，在读书的情况下，更为现实的流程是：先通读一遍全文之后，再制作20个字输入学习法的框架图，并归纳总结出"1P？"。

一页纸学习法

图 4-7 可以将超过 400 页篇幅的大部头著作归纳到一页纸中

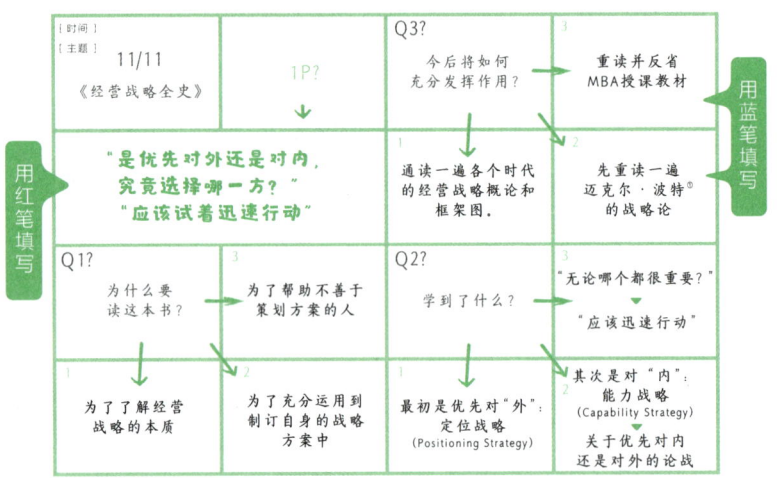

此外，虽然《经营战略全史》是一本非常通俗易懂的书籍，但同时也是一本大部头的著作。我想大部分读者都要花许多天才能读完。

---

① 迈克尔·波特（Michael E. Porter，1947— ）是哈佛大学商学院的教授，他在世界管理思想界可谓是"活着的传奇"，是当今全球第一战略权威，是商业管理界公认的"竞争战略之父"，在2005年世界管理思想家50强排行榜上位居第一。

128

第四章
从多种学习方法中脱颖而出的"3Q输出学习法"是什么？

因此，请务必牢记一点，在每次翻开书之前，务必要对3Q输出法框架图中的目的一栏进行确认，然后再开始读书。读书的间隔时间越长，原本明确的目标就会变得越来越模糊，从而严重影响阅读的效果。

在读完一遍作品，并且完成了20个字输入学习法框架图中的"1P？"之后，请将归纳出来的句子转记在3Q输出学习法框架图的"1P？"中。

接下来，应该填写"Q2:学到了什么？"。如果感到有困难，可以通过"Excel1"写出自己的想法，并进行归纳总结。

在填完"Q2？"之后，应该接着填写"Q3：今后将如何充分发挥作用？"。

关于填不上空时的补救手段，与"Q2？"时的相同。

只是关于"今后如何充分发挥作用？"，还有两个关键点需要补充说明。

· 内容是否有助于实现"Q1？"中设定的目标？
· 是否能够达到转化为实际行动的水平？

所有的一切都是为了"达成目的"。

尽管如此，竟然有许多人写出了与"Q1？"内容毫无关系的"今后将如何充分发挥作用？"，这一点出人意料。

当填写完"Q3？"之后，请务必站在全局的立场上，从头到尾俯瞰一下整体。通过这种方法，可以有效发现各个问题之间是否存在相互矛盾、缺乏联系的现象。

为了避免出现"读了就算完事了"的想法

关于"Q3：今后应如何充分发挥作用？"，第二个需要特别关注的关键点是：能否达到转化为实际行动的水平？在后面要提到的"秘诀"中，这一点是非常重要的理念，因此，我想通过这一节进行详细地介绍说明。

仔细回顾一下，我开始从事商务类书籍写作已经有四年左右的时间了。

在这四年时间中，经常有人会向我提一个问题："请举个例子说明，作为一名作家参加活动时最令你惊讶的事是什么？"对此，我的回答是"觉得读了就完事了"的读者实在是太多了。

如果是读小说，出现这种情况还可以接受，但是，商务类书籍最重要的是在实践中应用，只有真正在工作中发挥作用，才能产生价值。

尽管如此，在现实生活中，最终停留在"学习=读书"层面的读者实在是太多了。明明提供的是实用技巧，大家却往往无动于衷，满足于学了后什么也不做的状态。

我曾经多次遇到这种令人感到遗憾的场面。

在这种情况下，费尽辛苦学到的知识根本派不上用场，发挥不了任何作用。

我希望大家在读完这一节后，能够从"读了就感到满足"的状态向"转化为行动后才满足""真正掌握并熟练运用后才满足"的状态转化，真正实现学习价值观的升级进步。

大多数的书都是无法转化为有效性行动的纸面文章

在本节中，将站在书或者研讨会的讲师等传授知识一方的角度来思考问题。

实际上，大多数书都不是按照转化为"行动"的目标创作的。

如果大家有机会经过书店中的经营管理类书籍专区，请一定要停下脚步，翻上几本书看看。

- 明确目的；
- 从客户的角度出发思考问题；
- 向单位内部推广；
- 充分发挥当事人的主人翁意识；
- 承担责任；
- 彻底思考清楚。

在读过之后，大家往往会从书中发现上述表现形式，如果光从这些词的表面意思来看，都是一些暧昧的说法，根本无法指导人们去开展具体实践。比如，就算你明确强调"彻底思考是至关重要的"，大家还是不知道具体该怎么去做，反而会陷入内心困惑的窘境。

虽说如此，令人遗憾的是，在当今社会仍然充斥着大量缺乏实践指导意义的商务类书籍、教材和讲座。

因此，请一定将问题讲清楚。

如果光是用这些套话来解释说明，自然无法有效发挥作用，最终只能沦为一句空话。

也正因为如此，学了之后无法应用到工作中的责任根本就不在大家身上，完全没有必要感到失落和受挫。

可以说，"向大家传授无法转化为行动的知识"的一方才是真正的罪魁祸首。

如果想要将学到的知识转化为行动，

就应将"动词"转变为"动作"。

为了同时提升"学方"和"教方"的认知水平，应该通过令人印象深刻的独特表现形式，对语言进行定义。

上文中提到的"无法转化为行动的短语或句子"，我将其定义为"动词"。

与之相对应，"能够转化为行动的短语或句子"，我将其定义为"动作"。

如果用20个字进行归纳总结，关键词就是：

如果想要行动，就必须"将动词转化为动作"

具体而言，就如下述内容所示：

·明确目的（动词）

→反复查看写有明确目的的一页纸（动作）

> - 从客户的角度出发思考问题（动词）
>   → 在100字以内写出客户思考或关心的事情（动作）
> - 向单位内部推广（动词）
>   → 每天积极宣传自己想要推广的信息（动作）
> - 充分发挥当事人的主人翁意识（动词）
>   → 明确写出工作的目标和社会价值（动作）
> - 承担责任（动词）
>   → 在合同等中明确规定一旦失败应该怎样处理（动作）
> - 彻底思考清楚（动词）
>   → 反复推敲表现形式确保可以归纳在20字以内（动作）

由于我们无法逐个考虑每项工作或环境的具体情况，只能勉强按照20字的标准来做"动作"，因此，在实际过程中，需要再认真推敲，补充完善，有时甚至要选择其他的表现形式。

虽说如此，我想通过上述内容，大家对于"动作"这一标准究竟是怎么回事，肯定有了一定程度的了解。

正因为是"可以转化为行动的表现形式"，所以才有价值。我们并不是学者,也不是小说家,因此,在表达时,并不需要像学术研究那样严谨,也不需要像文学创作那样充满想象力和艺术感染力。

"具体应该怎么做?"要与动作的效果相关联

下面,我们回到具体实例中,继续进行分析。

针对"Q3?"中提到的"How?"的问题,在绝大多数情况下,都会填写"如何实践?""如何充分发挥作用?""今后该怎么办?"等行为。

因此,是否"转化为行动=达到行动的水平"是至关重要的检查点,具有决定性作用,需要认真对待,仔细核实。

在上文引用的实例中,明确规定"要重新阅读波特的书和MBA教材",因此,不存在理解方面的问题,可以充分转化为行动。

在本章第一个实例中,明确规定"16日将召开学习交流会",因此,从转化为行动这一标准来看,在执行过程中,不存在任何问题。

与之相对,如果使用的是"力争将成果充分推广到整个单位"这种表达方式,我希望大家能够立即问自己一个问题,那就是:"<u>力争推广成果执行起来具体应该如何去做?</u>"

应该通过这种单口相声式的自问自答,明确可以转化为行动的具体表达方式。在此基础上,再去填写"Q3?"的框架图。

综上所述,在这一实例中,追加了一个重要的检查点,那就是:是否明确了"可以转化为行动的标准到底是什么"。也就是说,关注的焦点"并不是具体的动词,而是如何简洁明了地了解转化为行动的标准"。

在第三篇"秘诀"中,"将动词转化为行动"是一个重要的关键词,因此,希望大家通过现在这个阶段的学习,深刻领会把握其内涵外延,并在实践中积极运用,不断积累经验。

第四章
从多种学习方法中脱颖而出的"3Q输出学习法"是什么?

> **3Q 输出学习法:实例 3**
> **无论是只读书的一部分也好,**
> **还是"缺乏目的性"地读书也好,**
> **都要将"学习"看成自己的事情**

下面,将介绍3Q输出学习法的第三个实例。

在这里将以第一章中提到的经营管理学大师彼得·德鲁克的著作《卓有成效的管理者》的"第二章:掌握你的时间"为例,进行介绍说明。

这是一个与"将大部头著作归纳总结到一页纸"截然相反的例子。由于"评价一切的标准是看是否有利于达成目的",因此,就算对一本书的一部分进行归纳总结,同样是没有任何问题的。

请看第138页图4-8。

关于填写方法的流程,基本与之前相同。只是有一点必须声明,我之前曾经读过这本书,因此,对于书的内容,在脑海中已经有了一定印象。

图4-8 彼得·德鲁克著作《卓有成效的管理者》第二章的归纳框架图

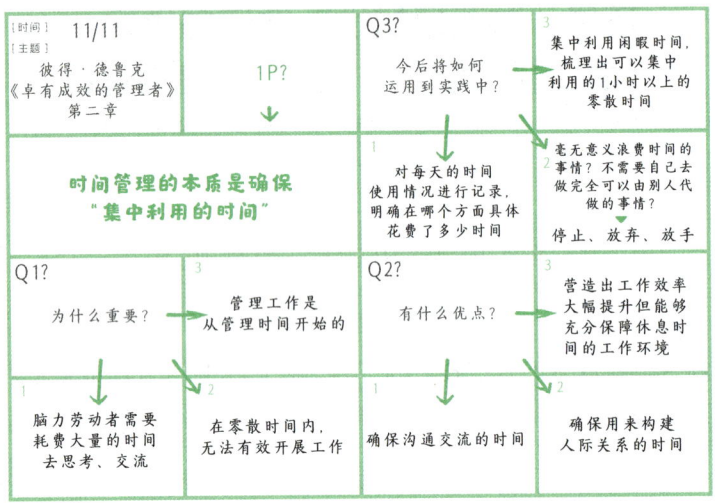

我想"再次对时间管理的本质进行思考总结",因此,特摘取这本书的第二章来重读。

为了"把握时间管理的本质",我制作了20个字输入学习法的框架图。

然后,又使用归纳总结出的"1P?",制作了如图4-8所示的3Q输出学习法的框架图。这就是我制作上述"一页纸"框架图的实际流程。

在这里我既没有像最开始的实例那样先填写"Q1？"，也没有边读边在20个字输入学习法的框架图内填写关键词。

我之所以这么说，是希望大家不要被框架所束缚，应该在实践中灵活应对，选择最为合适的方法。

"缺乏目的性"地读书也可以总结成"一页纸"，并用语言表达出来

针对第二个实例，可以按照如图4-9的归纳方法进行总结。

在这一归纳方法中，"Q1？"是"学到了什么？"，"Q2？"是"为什么觉得重要？"。

也就是说，并没有按照"Why？""What？""How？"，而是按照"What？""Why？""How？"的顺序排列的。正如我在最开始的实例中说明的那样，只要能涵盖"三个疑问词"就可以了。因此，当然可以按照这种方式排序了。

一页纸学习法

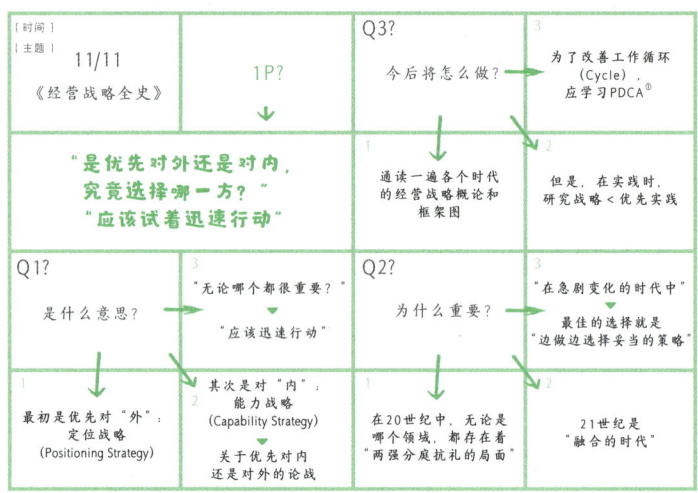

图 4-9 由于提问方法不同导致归纳方法发生变化的实例

此前,我们一直在强调"目的"的重要性,但是,在实际过程中,许多时候会出现目的不清或消极被动读书的情况,比如"由于觉得书名很有趣""由于是畅销书""由于是公司指定的必读书目"等。

---

① PDCA循环是美国质量管理专家休哈特博士首先提出的,由戴明采纳、宣传,获得普及,所以又称戴明环。全面质量管理的思想基础和方法依据就是PDCA循环。PDCA循环的含义是将质量管理分为四个阶段,即计划(plan)、执行(do)、检查(check)、处理(act)。在质量管理活动中,要求把各项工作按照做出计划、计划实施、检查实施效果,然后将成功的纳入标准,不成功的留待下一循环去解决。这一工作方法是质量管理的基本方法,也是企业管理各项工作的一般规律。

第四章
从多种学习方法中脱颖而出的"3Q输出学习法"是什么?

有人可能觉得在这种情况下,是无法使用"一页纸运行体系"的,但是,事实并非如此。

如图4-9所示,通过替换疑问词,改变问题的内容,完全可以制作出一页纸框架图。

归纳方法绝非只有一种。请根据不同情况,灵活采取各种问题的组合。

输出的实例

下面,我们想象一下大家带着制作好的"一页纸"框架图,参加读书会的情形。请试着按照下述内容发言。

> 我读了彼得·德鲁克的《卓有成效的管理者》一书。
>
> 这本书中充满了关于工作本质的论述。这次我将关注的焦点集中在了"时间管理"方面,在此希望与大家分享一下我的心得体会。
>
> 如果用一句话来总结彼得·德鲁克所谓的时间管理的本质,那就是"如何确保集中利用时间"。
>
> 为什么"确保集中利用时间"那么重要呢?这是因为对

于我们这些脑力劳动者而言,"深入认真地思考""有条不紊地表达"是工作的基本要求。

正如"有条不紊地表达"这个要求所述,这种工作方法需要耗费大量的时间,光靠零散时间是无法满足要求的。

因此,对于脑力劳动者而言,"管理工作=管理时间"的时间管理理念是至关重要的,其目的是"确保集中利用的时间"。

如果能够确保"集中利用的时间",沟通交流的时间就会变得更加充分。

不仅如此,还可以在构建人际关系方面分配更多的时间。

我想大家肯定都能适应这种"张弛有度的工作氛围"吧?

"集中利用的时间"是提高工作效率的重要条件。

最后,在学会这种方法后,我在工作方面,主要做了三件事情。

首先,正如这本书中所述,我对自己的工作日程表进行了细化,并记录存档。通过这种方法,我清晰地掌握了在什

第四章
从多种学习方法中脱颖而出的"3Q输出学习法"是什么?

么事情上具体耗费了多少时间。

其次,书中明确提出了"毫无意义浪费时间的事情究竟有哪些?""不需要自己去做完全可以由别人代做的事情又有哪些?"等问题,对于符合条件的事情,要么停止或放弃,要么放手交给其他人去做。

最后,对不断增加的零散时间进行集中利用,我重新制订了自己的工作日程表,每天尽量确保一个小时以上的可集中利用时间。

我一般每几个月就按照这种方法做一次,直到现在仍然能够保持张弛有度的工作环境。

今后我将继续坚持这种做法。如果有同样饱受时间管理问题困扰的人,希望他能看到我的演讲,并从中汲取经验,这对于我而言是最大的肯定。

实际上,这个例子是我参加一次读书会时发表的演讲稿。

那么,听到我的发言后,大家的反应如何呢?

当时,所有参加读书会的人都是素昧平生的陌生人。

结果，他们都很激动，纷纷表示"到目前为止，你的发言在所有发言者中是最为简洁易懂的""接下来要发言的人太不幸了，你的发言无疑将整个会议发言水平的门槛抬高了一大截"。他们向我投来了赞许的目光，给了我许多溢美之词。

当然，也有比我年长一句的参会者感到很惊讶，打趣地说我"真不知道你是从哪里冒出来的"。

虽然只是区区几分钟的发言，却令我在读书会的地位得到大幅提升，"备受好评"。

据我所知，参加这次读书会的都是高素质、高智商的商界精英，但是，他们中间却几乎没有人能达到我发言的水平。

如果换个说法，只要掌握了3Q输出学习法，就可以在瞬间实现蜕变，从众人中脱颖而出，给人一种高人一筹的感觉。

在当今时代，以提升表达能力为主题的书籍炙手可热，多本都登上了畅销书排行榜的榜首。由此可见，在社会当中，还是存在着相当数量并不擅长输出表达的商务人士，他们热衷于从图书中汲取经验，补足自己的短板。

虽然按照常理，我并没有权利强制大家接受我的观点和方法，只能允许大家从各种各样的方法中选择自己最喜欢的，但

第四章
从多种学习方法中脱颖而出的"3Q输出学习法"是什么?

是,我至少坚信一点,那就是本书中介绍的方法是最佳的。

反正只是制作"一页纸"而已,我希望大家都能坚持去试试。这种方法可以轻松地形成框架,并转化为简单实用的行动模板。最需要检查的一点就是这种方法是否具有较高的"可复现性"。

请大家试着将"一页纸运行体系"与其他方法进行对比研究。如果我推荐的方法能给大家带来方便,那么,我将感到无比荣幸。

在第三篇中,我将向大家介绍"一页纸"宝典,作为礼物馈赠给读者朋友们!

第三篇

"秘诀":贡献
（CONTRIBUTION）

第五章

为什么无法将学习成果充分运用到工作中？

助推事业成功的
不可或缺的学习是什么？

2012年10月，我作为个体经营者开始独立创业。

如前文所述，我刚毕业时进入了丰田，一直在海外部门工作。

之后，又转职到专门培养MBA的顾彼思商学院，工作到而立之年后，我开始独立创业。我开始酝酿这本书时，已经在独立创业的路上摸爬滚打七个年头了。

如果用一句话来总结我的工作内容，那就是"社会教育"。

我一直坚持以顾问、讲师和作家的身份，积极推广对工作有益的商务技巧。如今，我的影响力从日本国内逐渐扩大到海外，甚至经常受邀为外国企业进行培训、讲学。但是，回想创业最初的一年时间，我遇到了极大的困境，公司几乎没有一点盈利。

我的事业发展到现在这个阶段绝不是一帆风顺的。

那么，当初的我为什么总是赚不到钱呢？

从那时开始，我学习了许多对生意有帮助的知识。

不仅仅是打工族的工作方法，还有独立创业需要的各种理论和技术，比如数据、网络动画、教材、创业讲座、读书会和个别咨询等。

我几乎学遍了所有的方法，不管是昂贵的培训还是便宜的书籍，都有所涉猎。

本来，在学生时代，我就嗜书如命，每年要读500册左右的书籍。在进入社会开始工作后，我又给自己制订一个新的规则，那就是每年将"年收入总额的10%以上"用于自我充电，并一直坚持了下来。

在我刚开始创业时，虽然也能坚持自我充电、自我钻研和自我学习，但是，每个月的收入还不到10万日元。

当时，我不仅仅全力以赴提升个人能力，还吸收了许多关于创业的知识，但是，遗憾的是远远没达到"学以致用"的水平。

为什么无法将学到的知识充分运用到工作中呢？

让我们最后再提一次这个问题。

当时，我为什么无法将学到的知识直接转化为财富呢？

关于这个问题，我已经提过很多次了，这是有其独特背

第五章
为什么无法将学习成果充分运用到工作中？

景的。

实际上，通过回答这个问题，不仅可以教会我，同时还可以明确解答每个人关于为什么无法将学到的知识充分运用到工作中的疑惑。

我已经自曝家丑，分享了许多关于失败的经历和教训，下面该轮到大家结合自身实际，仔细思考这一问题了。

请大家动手操作一下。

请用绿笔制作第155页图5-1中介绍的"一页纸"框架图。

在第二篇中，我曾经介绍过一种辅助工具"Excel1"。

在画好框架后，请使用蓝笔在空白处填写下述三个问题的答案，或者可能成为候选答案的关键词。

- 你为什么要工作？
- 你最近在工作中面临的困扰是什么？
- 你最近学习关注的主题是什么？

填写的诀窍是切忌深思熟虑，应该按照每页纸三分钟左右的时间，凭自己的感觉一口气写出来。在这里不需要过分考虑"什么是标准答案",只需要将自己脑海中浮现出的关键词直接填在空白处就可以了。

最后,从这些列出的关键词中,选出三个"自己认为最重要的关键词",并用红笔圈起来。

按照这种方法画三页纸,就可以完成整个流程了。

通过上述操作,是否能够发现符合自身特点和实际情况的答案呢?

关于这一主题,你的脑海中积累了哪些关键词呢?针对这些关键词又是如何定位的呢?

请在明确了自己的"工作观"和"事业观"后,再继续阅读后面的内容。

第五章 为什么无法将学习成果充分运用到工作中？

图 5-1 "Excel1"——用来了解无法充分发挥学习作用原因的表格

[时间] 11/11 [主题] 为什么要工作？	为了成长进步	希望为社会做出贡献	用蓝笔填写
希望在严峻的竞争环境中取胜	希望增加职业经验	作为成年人必须工作	
希望获得成就感	希望成为国际化人才	因为工作有意思	用红笔圈出来
为了赚钱	希望实现人生价值		

[时间] 11/11 [主题] 在工作中面临的困扰是什么？	身边充斥着缺乏进取心的同事	浪费经费现象严重	不擅长管理时间
工作标准要求过高	行业规模不断缩小	缺少培训机会	无法确保充足的学习时间
加班过多	年轻人参加工作不久就想着辞职或跳槽	会议数量过多	需要用英语写材料
公司老板目光短浅、缺乏战略规划	无法聘用有才华的优秀人才	需要与客户公司的经理进行沟通交流	

[时间] 11/11 [主题] 学习关注的焦点是什么？	如何拓展行业领域的专业知识	英语报纸	
行业资格认证	英语托业①考试（TOEIC）	投资虚拟货币	
其他公司的动向	解释能力和表达能力		
提升业务能力	英语听力		

---

① 托业即TOEIC（Test of English for International Communication），中文译为国际交流英语考试，是针对在国际工作环境中使用英语交流的人们而指定的英语能力测评考试，由美国教育考试服务中心设计。

155

营业额究竟是由谁创造的呢?

创业之初的我倾注了大量的时间、预算和精力去自学,但是一直都没有赚到钱,其中有一个极为重要的原因。

那就是因为没有发自内心地理解接下来要介绍的"简单的一句话"。

此外,我认为这里提到的"发自内心地理解"的意思,与平时经常使用的"充分领会"一词基本相同。今后还会经常用到这个词,因此,希望大家能够统一认识。

在独立创业之初,我还没有"充分领会"下面提到的"简单的一句话"的真正意义,即:

营业额绝不是一个人单枪匹马就能提升的

只要看一下这18个字,有人就会觉得"茅塞顿开""豁然开朗",当然,也会有人觉得"这是谁都懂的道理,还用你来说吗?"。

下面,我将就这一句话进行深入分析,帮助大家更为深刻地理解其真正内涵。

第五章
为什么无法将学习成果充分运用到工作中？

📋 我们究竟是为什么而工作呢？

我独自创业的一个重要原因就是想要摆脱职场潜规则和人情世故的羁绊，"活成自己想要的样子"。

也就是说，不依赖任何公司、人和社会，完全按照自己的想法驾驭人生，成为自己命运的真正主宰者。具体来说就是：

- 分享自己的优势、爱好和技术；
- 在自己喜欢的环境、方法和氛围中工作；
- 不断创造财富，同时可以按照自己想要的样子生活。

如果用一句话来总结，就是为了实现"自由"而独立创业的。我想每位读这本书的读者朋友，或多或少都怀有同样的愿望。

正如大家所看到的那样，大家只是对"自己"不断地检视而已。

在这种动机的驱使下，并没有站在"他人"的立场上思考问题，根本不会想到"为了社会""为了人们"等。

当然，在头脑中，也会考虑"想要帮助谁？""想要生活在怎样的社会中？"之类的问题。

由于大家对于"经营理念是至关重要的""必须具有长远眼光""有志者事竟成"等提法，都已经烂熟于胸了（这些都是流传范围极广的商业规则），因此往往容易自以为是，单搞一套。

只是站在现在的高度回头反思，就会发现自己距离"真正领会"的标准相差甚远，充其量不过停留在"口头上理解的水平"而已。

当时的我内心极度膨胀，狭隘地将"活成自己想要的样子"理解为自我满足和片面追求个人价值，结果头脑中充斥着自私自利的想法。

实际上，这并不是我一个人独有的问题，而是一种典型的病态价值取向，许多个体企业家在独立创业之初，都曾经陷入过类似的误区。

这种病态价值取向的最大问题就是"根本发现不了自身存在的问题"。

令人惭愧的是，当时的我恰恰深陷在这种错误的认识之中而不自知。

当然，在这种观念的指导下，自然没有人愿意和我一起努力奋斗。

第五章
为什么无法将学习成果充分运用到工作中?

在这个阶段,我已经开始实际运用"初级方法"和"中级方法"中提到的各种诀窍了。基本能够达到针对各种主题输入许多本质,并用简明扼要的语言轻松输出的水平。

但是,就算我每天坚持通过博客和电子邮件杂志阐述自己的观点,却一点儿也没有涨粉。我组织的培训也是门可罗雀,根本没有多少人参加。

这种状态慢慢成了常态。

时间一长,我就陷入了资金危机,"个人存款越用越少",甚至到了入不敷出的境地。在这种局面下,我终于领悟到了"商业"(在这里应该说"工作"更合适)的本质。

工作的本质究竟是什么呢?
田坂广志的理论

下面,我们一起来分析一下工作的本质。

在这一节中,我将与大家分享"一页纸运行体系"的基础理论,即"关于工作本质的一句话""工作到底是指什么?""劳动到底是指什么?"等定义。

"働"(工作)是指令"傍"(周围的人)感到"楽"(轻

松愉快）的事情。

这种工作观是我刚步入社会第一年时，作为一名职场菜鸟，从多摩大学研究生院教授、著名智库索菲亚银行创始人田坂广志先生身上学到的。

"傍"即"周围的人"，在日语中的发音与"働"即"工作"的前两个假名[①]相同，而"楽"即轻松愉快，则与"働"的后两个假名相同。因此，从发音来看，"傍"＋"楽"＝"働"。从意思来看，工作的本质就是令你周围的人感到轻松愉快的事情。

在我步入社会第一年的就职纪念仪式前一天，也就是3月31日那天，我在爱知县丰田市一座拥有40年以上历史的老房子里，第一次读到了这样一句话。

当天晚上，夜幕降临，我却满腹心事，无心睡眠。因为，天一亮我就要作为一名员工开始步入社会的新生活了。对此，我的内心充满了矛盾的心情，既满怀期待，又深感不安。在这种状态下，我有幸读到了这段关于工作观的文字，可以说是一种带有奇迹色彩的机缘巧合，却也是上天对我最大的眷顾。

---

① 假名，日语的表音文字。"假"即"借"，"名"即"字"。意即只借用汉字的音和形，而不用它的意义，所以叫"假名(kana)"。值得注意的是，假名的假字不是表示假冒、虚假、非真的意思，因此日语中没有所谓的"真名"。

第五章
为什么无法将学习成果充分运用到工作中？

只是当时的我是一名大企业的打工族，几乎没有与客户直接接触的机会。因此，对于这段话的理解也是极为肤浅的，仅仅认识到"令周围的人，即上司、同僚、部下以及相关部门的人们感到轻松愉快"。

但是，对于20岁左右的"极度自负"的毛头小伙子而言，这种工作观却是具有决定意义的，可以充分发挥克制、劝诫、教诲的作用，甚至多次挽救过我的职业生命，帮助我渡过了许多难关。

在本书的读者中，肯定有许多人所处的境遇与我当时是相同的，也就是说，几乎没有与真正付钱购买商品或服务的客户进行直接交流的机会。

对于这些人而言，下面的内容尤其重要。

与从公司领工资的打工族不同，作为个人创业者，"令周围的人感到轻松愉快"具有更为重要的商业意义。

如果极端一点来说，就是：

令周围的人感到轻松愉快意味着离赚钱不远了

如果用这20个字的全新组合来理解，就可以更加准确地把握上文中提到的"营业额绝不是一个人单枪匹马就能提升的"这一行字的真正内涵。

如果换一种更准确的说法来表达，那就是只有"解决周围人的问题，帮助他们实现愿望"，才能提升营业额。

生意"绝不是个人凭一己之力就可以经营的"。

读到这里大家是怎么看的呢？是不是还会有人质疑："为什么光是说一些大家都明白的废话呢？"

针对这些读者，我想举一些数字作为例子。

根据《中小企业白皮书》的统计结果，大约40%的个体创业者在创业仅仅一年后就被迫放弃，能够坚持10年以上的更是凤毛麟角。每10个个体创业者中只有1个能够坚持10年以上。

这就是独立创业的真实状况。

包括我在内，大部分个体创业者都是在"活成自己想要的样子""不想再在公司中忍气吞声"等想法最强烈的时候，毅然决然地选择独立创业的。

独立创业是一件需要极大动力的事情，做出这个决定绝不亚于"从清水的舞台上跳下去"[①]。这种"实现个人价值的欲望"

[①] 日本有成语"从清水的舞台上跳下去"，表示一个人毅然决然去做一件事的决心。清水寺有一个清水舞台，由139根柱子支撑，没有使用一颗钉子。在江户时代，人们认为心怀愿望从13米高的清水舞台跳下去，如果大难不死必定心想事成，因此，当人们下定决心做某件事时，就会用"从清水的舞台上跳下去"来比喻。

无疑是强有力的驱动力,激励人们去奋发图强。

因此,在这里我并不是要全盘否定这种进取心。实际上,就我个人的经历而言,如果没有这种动力的支撑,是无论如何也不会做出独立创业的决断的。

但是,问题往往出在创业之后。

在自己开始独立经营生意之后,如果还沉浸在这种实现个人价值的强烈愿望中无法自拔,就注定一事无成,无论什么时候都难以实现真正的盈利。

在极度膨胀的"自我满足、自我封闭、自我实现"的工作观驱使下,<mark>"根本不会产生为他人着想的愿望和动机"</mark>。因此,大家要牢记一点,不要片面追求"自我实现",而要多想着"为他人做贡献"。

这才是工作的本质。

平时哪怕做些微不足道的小事,只要能够令周围的人感到轻松愉快,就是进步,这样积累下来就是宝贵的财富。随着所做贡献频率、数量和质量的提升,自然会带来经济方面对等的效益,渐渐会赢得重要的商机。此外,其带来的价值也会越来越大。

说起来有些惭愧,我是在面临"吃了上顿没下顿"的经营危机时，才重新领悟到"工作"这件事的本质的。

在这里有件事情要交代一下，如上所述，我在进入公司的前一天，就已经接触到这种工作观了。因此，在作为打工族工作时，就比其他业务员更加明白"我为人人"的重要性，也有更多的机会去实践"为他人做贡献"的工作观。

实际上，我能跳槽到自己想要去的部门、获得外派美国的工作机会、参与荣获日本第一的大项目，这些职业生涯中的高光时刻绝不是靠自己一个人就可以实现的。

决定你的职位和工资的是除了你以外的人。

正因为在"为他人做贡献"这一工作观的指导下开展工作，才能被周围的人推动着走上前台，赢得与竞争对手一决胜负的机会。

因此，才能充分发挥通过"初级方法"和"中级方法"学习锻炼出的能力，创造出成果，从而得到更好的平台，赢得进一步的发展机遇，形成良性循环。

在作为打工族工作的时期，我已经对工作的本质有了一定的理解和认识。但是，对我而言，从丰田辞职"独立创业"仍然是一个出人意料的重大决定。

第五章
为什么无法将学习成果充分运用到工作中？

为了帮助自己下定决心，我一度彻底忘记了这种工作观，专注于追求实现个人价值。

正因为如此，我才能够迈出独立创业的关键一步，之后又对这一"工作观"产生了更为深刻的认识，直到现在我还庆幸自己能够按照这一流程实现了创业的梦想。

虽说如此，看着银行账户余额的数字不断减少，这种压力是非同寻常的。因此，请一定要充分汲取我的经验和教训，如果大家能够未雨绸缪，尽早给予重视，对我而言就是最大的幸福！

在重新把握了工作的本质之后，我的工作方法骤然为之一变。

首先，每天更新的博客内容从根本上发生了变化。

在我真正领会工作本质之前的博客中，体现出了极强的追求个人满足的倾向，比如"我已经研究出了这么有趣的商业技巧，难道你就不感兴趣吗？"。

后来，我的博客风格发生了180度的转变，开始向为他人做贡献的方向发展，比如"如果你为同样的问题而烦恼，那么通过这种方法就可以解决""这种关于工作本质的论述对于实现你的个人愿望具有重要意义""关于这一主题，仅仅需要通过三个关键词，就可以充分理解"等。与其说是"刻意转变"，不如说是通过进一步理解领会工作观的本质，"自然而然地发生了转变"更为合适。

于是，通过博客的推广发挥了裂变效应，参加我的讲座的观众也越来越多。

不仅如此，我还从看了博客文章的编辑那里得到了邀约，实现了出版书籍的梦想。读者朋友们在看了出版的书籍后，去参加讲座的人数又不断增加，之后，其他的出版社也纷纷向我伸来橄榄枝，逐渐形成了良性循环。

再之后，我就像日本传说中的稻草富翁①那样，不断扩大自己的生意，直至发展到今天的规模和成就。

<mark>实现工作观从自我实现向为他人做贡献的转变。</mark>

由"自己"向"他人"的转变。

虽然只是"主语的变化"，但是，我的事业和人生都发生了180度的大转弯。时至今日，我当时的愿望几乎都已实现，真可

---

① 故事源自日本著名的《今昔物语集》，讲述了一位穷人从最初拿到的稻草（秸秆），经过多次以物易物，最后成了大富翁的故事。现在常用稻草富翁来比喻小东西最后换到高价物品，但是，需要注意的是故事主角的交换行为并没有获取高价物品的动机，每次交换都是出于善意的帮助。原故事的结局是，故事主角用马换取田地，踏实地靠着农作物的收成变得富裕。

谓是梦想成真了。

📄 你究竟为谁而工作？

在上文中，我分享了自身真实经历的前后对照体验，这是有其充分原因的。

希望大家也能直面自身的实际情况。

在你的工作观中，究竟有多大比重是"为他人做贡献"的想法呢？

验证这一问题的方法非常简单。请先准备好纸和笔，然后，从列出的问题中挑选最重要的三个。

- 你为什么要工作？
- 你最近在工作中面临的困扰是什么？
- 你最近学习关注的主题是什么？

在用红笔圈起来的你认为重要的答案中，有多少是站在"为他人做贡献"的立场上看问题的内容呢？

针对第一个问题，如果答案是"为了养家糊口""为了自我进步""为了履历光鲜亮丽""为了买自己想要的东西""为了自我实现""为了追求快乐"等，就完全陷入误区了。

与之相对，如果答案是"为了帮助更多的人过上自由幸福的生活""为了运用自己提供的服务改变社会低效的现状""为了营造女性更容易就业的男女平等社会""为了实现公司领导的理念"等，就是真正的"为他人做贡献"的思维。

针对第二个问题，你能写出多少不是"自己困扰的问题"，而是"周围的人困扰的问题"呢？

或者，也可以重点检查一下，有多少内容是用蓝笔写出来后，又用红笔挑选出来的。

越是"自我封闭"型工作观强烈的人，用红笔圈出来，或用蓝笔写出来的内容数量就越少。

甚至有些读者干脆连一点内容都没有，恐怕这样的人还占相当大的比例。

最后是第三个问题，也就是以学习为主题的本书中最重要的内容，即"<u>你学习的动机中是否有为其他人做贡献这一点</u>"。

如果你真正了解"工作"这个词的本质，并在此基础上开展工作，那么，平时就会自然而然地注意搜集"周围的人面临的困扰"。在这种解决问题意识的指导下，每当经过书店的经营管理类书架旁时，就会产生"这本书的内容可以解决小王面临的困扰"的想法。于是，就会停下脚步仔细读书，认真寻找帮助小王解决其面临问题的方法，从而激发了学习的动力。

剩下的就是充分发挥所学内容的作用，帮助小王真正解决问题或实现愿望，如果能达到这种程度，你也一定会感到心情畅快，从而找到属于自己的关于"工作=令周围的人感到轻松愉快"的成功经验。

为什么学到的知识无法转化成财富？

看到这个标题后，大家作何感想呢？总结起来，就是下面这样一段话。

你之所以无法将所学的知识充分运用到工作中，究其原因可能是"没有真正记住输入的知识"或者"无法简洁明了地解释学到的知识=无法有效输出"。

但是，与这些因素相比，最根本的原因还是"工作观"出现了偏差。

如果按照"自我封闭"型工作观开展工作的话，在学习时，就会忽视客户和周围的人的存在。在这种状态下，无论学习什么，都会缺乏直接的应用对象，也就是不知道为什么要学。

你所学的知识将变成工作中不需要的奢侈品，没有任何的实用价值。可以说，这相当于在自己的大脑中，雇用了许多"冗余人员=没有应用场景的学习内容"。

相反，如果按照"为他人做贡献"型工作观开展工作的话，你的头脑中就会积累大量的"需求=周围人面临的困扰和问题清单"。

这样一来，在"学习为他人提供帮助的方法=解决各种问题的理论"这一目标的引导下，大家就会更加积极地采取具体措施，比如购买教材、参加培训和研讨会等。

如果能通过自己学习到的知识满足周围人的需求，就可以直接有效地"为他人做贡献=工作"，从而真正实现自己的目标。

在作为打工族工作期间，这种积累下来的经验帮助我得到了升职和加薪的机会。正如刚才提到过的，在我打工的时期，深受下面这20个字的影响。

决定你的职位和工资的是除了你以外的其他人

从结构来看，与个体创业者创造营业额时总结的一句话是完全相同的。

作为打工族，就算能够按照自己的设想度过人生和职业生涯，也必须遵循"为他人做贡献"这一工作的本质。

虽然表达方式相近，但是为了能够同时契合打工族和个体创业者的实际情况，我还是稍稍对相关内容进行了抽象概括，总结出下述20个字：

光靠"自我封闭"是无法实现"自我价值"的

无论是打工族还是创业者，都不能片面重视"自己"，必须意识到"他人"的存在，这一点是不可或缺的。

并且，为他人做出贡献后，会给自己带来好的结果，实现"自己"的幸福和价值。

在缺乏"利他"意识的工作观支配下，"自己"是没有幸福和前途的。

为他人做贡献型的学习是什么？

广大读者朋友能够耐心地读到这个部分，真的令我非常感动，在此对大家致以诚挚的谢意。

至此，终于可以实现目标了。

在本节中，我想阐明本书最终倡导的"充分运用到工作中的学习方法"的"目的"。

无论是"自我钻研""自学"也好,还是"社会教育"也好,大部分参加工作的人为了工作而学习时,其根本目的都可以归纳总结为下述20个字:

学习的目的就是提高"为他人做贡献"的能力

接下来将要重点介绍的第六章中倡导的"一页纸贡献学习法",就是以上面这一行规律性的文字为依据构建的。

第六章

传授秘诀！在工作中充分发挥作用的"一页纸贡献学习法"是什么？

一页纸贡献学习法：实例1

感谢大家一直读到这里！

在这一节中，我们将一起在"一页纸运行体系"的大本营中漫游。我将向大家公开自己多年经验积累形成的一页纸贡献学习法。在这种方法指导下，只需要编写"一页纸"，就可以掌握多种"为他人做贡献"型的学习模板。

请大家看一下第178页的图6-1。

该图中的"一页纸"框架图的构成要素，主要包括下述五个。

①"Who？"＝"为了谁"学习＝思考总结？

②"P/W？"＝面对的"问题或愿望"是什么？

③"PQ？"＝针对①②中明确提出的"目的"，应该设定怎样的"提问"才能实现？

④"1P？"＝针对③中所设"提问"的"答案"，应该怎样用一

句话来总结？

⑤"3Q？"=针对④中的"答案"，如果可以用"三个疑问词"来解释，将会发生怎样的变化？

如果简单地对缩略语进行解释说明，那么，②"P/W"就代表"Problem（问题）/Wish（愿望）"。通过①和②的组合，可以明确学习的"目的"。

接下来的③"PQ？"是"Purpose=目的"和"Question=提问"的组合，意思是为了达成目的而提出的问题。

④"1P？"是"1Phrase？"的缩略语，意思是"一句话？"。

最后，⑤"3Q？"反映出的内容是针对④"1P？"，"消除三个疑问后将会发生怎样的变化"。

如果略过"初级方法"和"中级方法"，直接来看这个框架图模型，大家肯定会觉得非常复杂，不易理解。但是，如果你是从头开始一直认真读到现在的读者，恐怕就会觉得图画得真有道理，从而产生一种"确实如此"的认同感。

一页纸贡献学习法是其他"一页纸"学习法的总集合。

第六章
传授秘诀！在工作中充分发挥作用的"一页纸贡献学习法"是什么？

①②③与20个字输入学习法中的"P？=目的？"是相对应的。

可以理解为这次要通过①"Who？"和②"P/W？"的组合，来代替20个字输入学习法框架图中的"P？=目的？"。

此外，由于将"目的"分成了①和②两个要素，因此，为了将这两个要素总结起来，又新追加了③"有助于实现目的的提问是？"的项目。

与20个字输入学习法相比，在一页纸贡献学习法中，更为强调"为他人做贡献"是最主要的目的。

因此，从最开始时，在"目的"栏中，就只能填写"谁的""是帮助解决什么问题或实现什么愿望的学习"等信息。

对于读到这个阶段的读者而言，"规定只是规定"这个关键词已经不需要多做解释了。

在④"1P？"中填写的"答案"，与20个字输入学习法中的"1P？"代表的意思是完全相同的。

此外，下面将结合实例进行详细说明。一页纸贡献学习法框架图的左半部分，与20个字输入学习法框架图的中间部分是相对应的。

图6-1 一页纸贡献学习法的框架图

[时间] [主题] 11/11 一页纸贡献学习法	

第六章
传授秘诀！在工作中充分发挥作用的"一页纸贡献学习法"是什么？

	Who?	①为了谁？			①②③相当于20个字输入学习法中的"P:目的"。
	P/W?	②面对的"问题或愿望"是什么？			
	PQ?	③有助于实现目的的提问是？			
	1P?	针对④③的一句话"答案"是？			
	3Q?	What?	Why?	How?	
	P1?				
	P2?				
	P3?				
	关于"1P?"，试着通过"2W1H"提问。				

179

在这里可以理解为，为了"梳理信息"而使用蓝笔画出的框架。

④"1P？"是20个字输入学习法中的"1P？"，同时，与3Q输出学习法框架图中的"1P？"也是一致的。

在⑤"3Q？"中，反映的是"3Q？"输出法框架图中"Q1？""Q2？""Q3？"的内容。只要看一下"What？""Why？""How？"的记载，其相关性可谓一目了然。

讲到这里，我想大家一定会对为什么在"初级方法"中要介绍20个字输入学习法、在中级方法中要介绍3Q输出学习法，有了更为深刻的理解。那就是：**"初级方法"和"中级方法"是为了学习"为他人做贡献"型学习方法而准备的预习课题。**

在"中级方法"之前，我都一直忍着没有提"为他人做贡献"这个词。

因为我一直担心，一旦提得过早，容易令人感到门槛太高了，不愿意去实际运用，从而丧失了倡导这种学习方法的意义。

因此，我先准备了"初级方法"和"中级方法"的入门篇，帮助大家充分实践一页纸学习法。在这里可以暂时从自己的视角出发，优先保证在轻松愉快的氛围中达到熟练运用的目的。

第六章
传授秘诀！在工作中充分发挥作用的"一页纸贡献学习法"是什么？

这样一来，在慢慢熟悉20个字输入学习法和3Q输出学习法的过程中，大家就不会感觉到门槛过高，从而自然而然地接受一页纸贡献学习法的框架图，真正做好接受我们强烈推荐的学习模式的心理准备。

这就是"一页纸运行体系"这种"机制"的全貌。

如果只学习"初级方法"和"中级方法"，当然也会起到一定的作用。但是，既然大家都已经学到这个阶段了，我希望还是能再坚持一下，一口气掌握"秘诀"的精髓。

接下来让我们一起"转换视角"吧！

请全力发挥通过"初级方法"和"中级方法"培养起来的学习能力，为"你周围的人们"做出应有的贡献吧！

01 回答三个问题

接下来,将结合实例进行分析。请大家参照第183页的图6-2。

第一步,我们要再分析一下第二章中介绍过的实例《当灾难降临——幸存者的决断与遇难者的行动》。

在广大读者朋友中,最开始读这本书时,可能有人会觉得:"主题明明是探讨如何在工作中有效发挥作用的学习方法,为什么又要扯到遭遇灾害时的心得体会上呢?"

然而,在一页纸贡献学习法中,无论是书籍,还是你个人都不是主角。真正的主角是你的同事和客户等其他人。

在这一前提下,只要能实现令周围的人感到轻松愉快的目的,"无论使用什么介质都显得不再重要了"。因此,在学习时,完全可以综合运用多本书籍、教材和动画,而不用再拘泥于商务类书籍,陷入束缚自己手脚的窘境。

第二步,我们一起来明确一下至关重要的"目的",在框架图的右上半部分填入相关内容。

在这次的实例中,以一月份刚刚调入本部门的小王为对象。

第六章
传授秘诀！在工作中充分发挥作用的"一页纸贡献学习法"是什么？

图 6-2 "一页纸"贡献学习法的实例

[时间] 11/11 [主题]《当灾难降临——幸存者的决断与遇难者的行动》	克服压力的最佳方法	Who?	1月份开始由于工作变动调入的部下小王		
瑞克·瑞思勒安保主管	通过呼吸控制情绪	P/W?	不断犯一些普遍性错误，导致迷失自我		
遇到灾害等突发事件时=恐慌＜冷静	逃避、否认=自信、自尊心	PQ?	如何帮助他重新找回自信呢？		
调动大脑思考=反复练习	大量＜一次教训	1P?	从"每个人都会犯错"这个理念出发！		
陌生的环境=被动、IQ下降	苏门答腊海啸、朗伊托托岛火山喷发 ▶ 形成高地	3Q?	Why?	How?	What?
克服恐惧？=准备	麻痹=坐以待毙	P1?	陌生的环境	承认每个人都会犯错	"9·11"
获救的可能性=希望 ▶ 成为行动的源泉	8个P	P2?	判断能力下降	通过小成果积累小自信	卡特里娜飓风①
逃避 ▶ 思考 ▶ 行动	练习=流程的重要性	P3?	普遍性错误增多	认真地做深呼吸	2004年东南亚大海啸

左侧：用蓝笔填写　　右上：蓝笔　　右中：用红笔填写　　右下：蓝笔

第三步，在读这张"一页纸"框架图时，需要明确填写框架图的人是小王的上司李先生。

---

① "卡特里娜"飓风（Hurricane Katrina）是2005年8月出现的一个五级飓风，在美国新奥尔良造成了严重破坏。2005年8月25日，飓风在美国佛罗里达州登陆，8月29日再次以每小时233千米的风速在美国墨西哥湾沿岸新奥尔良外海岸登陆。登陆超过12小时后，才减弱为强烈热带风暴。整个受灾范围几乎与英国国土面积相当，被认为是美国历史上造成损失最大的自然灾害之一。

183

小王在原来工作的部门表现非常出色,备受好评。

但是,在调入后短短一个月的时间内,小王就犯了许多令人难以置信的普遍性错误。

小王个人也觉得不可思议,完全丧失了信心。

因此,作为上司,李先生想要学习必要的理论,希望找到帮助小王重新建立信心的方法。

上述内容相当于一页纸贡献学习法框架图中的"Who?""P/W?""PQ?",填写后的图表如图6-3所示。

图6-3 填写Who?(为了谁)、P/W?(问题)、PQ?(与目的相关的问题)

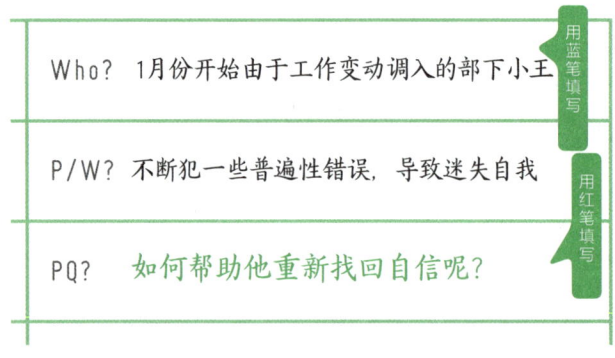

第四步，就应该去学习必要的知识来回答这些问题了。就在这个时候，李先生的脑海中突然闪现出一个念头，"之前读过的里普利的书或许会派上用场"。

当然，里普利的书并不是专门为受困于小王所面临烦恼的读者创作的。但是，既然脑海中产生了这样的念头，不如姑且填填试试，反正也没有什么坏处。

"只要能实现为他人做贡献这个目的就可以了"是一个基本前提。并且，需要做的事情只是填写"一页纸"，因此，请大家抱着轻松愉快的态度去尝试一下。

02 填入关键词进行归纳总结

李先生重新拿出了《当灾难降临——幸存者的决断与遇难者的行动》这本书，用蓝笔填写了关键词。

由于之前已经读过一遍了，因此，基本上是边回忆边填写的，只是遇到记忆模糊的地方，才匆匆翻一遍书看看，然后再继续填写。

之后，按照与20个字输入学习法相同的要领，用红笔将重点内容圈起来，并进行归纳总结，如图6-4所示。在这次分析思考的过程中，从"陌生的环境=被动""判断力下降"等关键词中，可以总结出适用于小王的信息，即在陌生环境中，应该基于"犯一些错误是极为正常的"这一认识来思考问题（"1P？"）。

图6-4 "一页纸"贡献学习法框架图的填写方法

[时间] 11/11 [主题]《当灾难降临——幸存者的决断与遇难者的行动》	克服压力的最佳方法	Who？1月份开始由于工作变动调入的部下小王
瑞克·瑞思考勒安保主管	通过呼吸控制情绪	P/W？不断犯一些普遍性错误，导致迷失自我
遇到灾害等突发事件时=恐慌＜冷静	逃避、否认=自信、自尊心	PQ？如何帮助他重新找回自信呢？
调动大脑思考=反复练习	大量＜一次教训	1P？从"每个人都会犯错"这个理念出发！
陌生的环境=被动、IQ下降	2004年东南亚大海啸、朗伊托托岛火山喷发 形成高地	3Q？
克服恐惧？=准备	麻痹=坐以待毙	P1？
获救的可能性=希望 ▶成为行动的源泉	8个P	P2？
逃避▶思考▶行动	练习=流程的重要性	P3？

用红笔画出重点，并进行归纳总结，得出"在陌生环境中犯错误是极为正常的"的结论。

了谁？目的是为

从左侧的关键词中归纳总结

第六章
传授秘诀！在工作中充分发挥作用的"一页纸贡献学习法"是什么？

就算是读同一本书，当目的发生转变后，归纳出来的一句话也会随之发生变化。

在转变了看问题的视角后，只要明确了目的，就算原本不属于经营管理类的书籍，也可能在工作中发挥作用。

与书店和路边摊上摆满的那些内容浅薄、不知所云的经营管理类读物相比，从这些其他领域的名著或者内容高度抽象的书中，反而能够学到更多的知识。

在这种读书方法的指导下，往往更容易得到周围人的高度评价，被大家夸赞为"聪明的人""有教养的人""见多识广的人"。这与"中级方法"中介绍的"解释能力＝向心力"是紧密相关的，请大家结合这一点重新理解一下。

03 归纳总结"3Q"

最后，我们来填写剩下的"3Q？"。

填写的要领与3Q输出学习法中介绍的相同。

作为"秘诀"这一部分特有的关键点，我建议大家转变一下视角，站在"对方"，而不是"自己"的立场上思考问题。举个例子来说，就是不要站在上司李先生的立场上，而是从部下小王的角度来思考问题。

听到刚才总结的一行字后,小王会做出怎样的反应呢?

我们可以从"What?""Why?""How?"的观点出发来想象一下。

- "Why?"=为什么会那么说?
- "How?"=今后应该怎么做?
- "What?"=举例说明会发生怎样的情况?

这次主要是试着填写了上述三个问题的答案。关于具体内容,请大家参照图6-5。

由于这次框架图中预留的空格很小,因此,并没有像3Q输出学习法那样,完整地列出整个问题。

在充分理解和运用"中级方法"所述内容的前提下,可以灵活调整三个疑问词的排列顺序,确保与对方交流时,能够简洁明了地说清问题。

此外,在此次的实例中,是按照"Why?""How?""What?"的顺序提问的。关于此次列举的第三个问题"What?",我认为小王很可能是不会提的。

第六章
传授秘诀！在工作中充分发挥作用的"一页纸贡献学习法"是什么？

图 6-5 为了自己与为了他人之间的区别

1P?	从"犯一些普遍性错误是很正常的"这一认知出发思考问题			
3Q?	Why?	How?	What?	
P1?	陌生的环境	承认每个人都会犯错	"9·11"	设想小王的反应，并填写在空格内。
P2?	判断能力下降	通过小成果积累小自信	卡特里娜飓风	
P3?	普遍性错误增多	认真地做深呼吸	2004年东南亚大海啸	

因此，在具体操作时，我姑且按照"列全三个疑问词"的理论要求，填满了框架图。但是，在填写时，我始终觉得对方很可能不会提到这个问题，只是抱着以防万一的心态，觉得"还是要稍微准备一下，以备对方突然问起"。

今后，当你面对类似的情况时，完全可以不填满所有的空格，将部分问题栏保留为空白状态。由于"一切都要视对方的情况而定"，因此，如果连对方都不提问，你就更不必去勉强凑齐答案了。

如上所述，在运用一页纸贡献学习法的框架图进行学习时，有时可以忽略部分空白栏，不用填满所有内容。

实际上，在现实操作过程中，许多时候只需要填两个甚至是一个问题的空白栏就可以了，请大家充分领会，灵活应对。

当你感到迷惑时，应根据"对方第一"的原则做出判断。

在"秘诀"这一部分中，这是必须坚持的"基本原则"，也是最重要的"本质=标准"。

试着传播自己学到的知识

到这里就完成了填写框架图的全部过程。

大家是不是已经对为他人做贡献的学习方法有了一定的认识呢?

如果作为上司的李先生能够将自己学到的知识传授给小王，那么，很可能会发生下述情况。

第六章
传授秘诀！在工作中充分发挥作用的"一页纸贡献学习法"是什么？

"小王，你最近不断犯错，我能给你提一点建议吗？

我最近读了一本关于危机管理的书，里面是这样说的，在陌生的新环境中，大家可以不必苛责自己，要接受一个现实，那就是犯一些普遍性的错误是再自然不过的事情。

那么，我们为什么可以原谅这些错误呢？究其原因，是因为在新环境下，无论是谁都会出现分析能力下降的问题。

因此，作为一名刚刚换了工作岗位的新员工，当你犯了在原来部门根本不会犯的错误时，应该从积极的角度来思考问题，可以将原因归结于环境而不是自己的能力水平。

今后，在彻底熟悉环境之前可能还会发生类似问题。因此，可以认为这种现象是阶段性的，具有一定的必然性。

至少我个人是这么理解的，并且就这一理念与团队其他成员达成了一致。

我们可以换个角度思考问题，不要将未来关注的焦点集中在那些自己没办好的事情上，而应该将精力投入实际工作中，不断积累成功的经验，从点滴成果开始，逐渐做强做大。

这样一来，你很快就能恢复自信，找回自己应有的样子。

> 最后，我还想和你分享一个窍门。
>
> 在陌生的环境下，可以认真地做个深呼吸，从而将关注的焦点转移到呼吸上。这样一来，就可以平复心情，有利于发挥出自己的真实水平，请你一定要试一试。"

正如上文中解释的那样，我并没有谈"What？"的部分。

大家读了之后，觉得怎么样呢？

如果你能这样开导部下或者与部下沟通，那么，肯定就能挽救他。并且，从另一个角度来看，对于你自己而言，能够将学到的知识真正运用到实处，不也是一件令人感到心情愉快的事情吗？

只要能够充分运用在"初级方法"和"中级方法"中积累的学习经验，最终人人都可以熟练掌握这种为他人做贡献的学习方法。

请大家一定要用好之前学到的知识，不仅用来服务"自己"，还要造福"他人"。

一页纸贡献学习法：实例 2
通过学习提升团队成员的工作能力和效率

作为补充说明，在这里我将介绍一个衍生的实例，请大家参见第194页的图6-6。

在这个例子中，主角是另一位部下小张。

为了解决小张面临的"不是不擅长工作规划，而是主观上根本就不愿意去规划"的问题，最有效的方法就是上司陈先生填写的一页纸贡献学习法的框架图。

实际上，这次引用的书籍还是里普利的《当灾难降临——幸存者的决断与遇难者的行动》。但是，想要说明的目的却发生了转变，因此，归纳总结的结果也就截然不同了，概括起来就是以下20个字：

为了避免出现"无暇思考=变成傻瓜"的情况

图6-6 可以选择大家都能明白的口语化形式来表达

[时间] 11/11 [主题]《当灾难降临——幸存者的决断与遇难者的行动》	克服压力的最佳方法	Who? 另一个部下小张		
瑞克·瑞思勒安保主管	通过呼吸控制情绪	P/W? 不擅长规划设计，并且缺乏进取心和干劲儿		
遇到灾害等突发事件时=恐慌＜冷静	逃避、否认=自信、自尊心	PQ? 如何帮助他意识到规划设计的重要性？		
调动大脑思考=反复练习	大量＜一次教训	1P? 为了避免出现"无暇思考=变成傻瓜"的情况		
陌生的环境=被动、IQ下降	苏门答腊海啸、朗伊托托岛火山喷发 ▶形成高地	3Q?	What?	Why?	How?
克服恐惧？=准备	麻痹=坐以待毙	P1?	去年最忙的一段时间	导致无暇思考的局面	规划设计
获救的可能性=希望▶成为行动的源泉	8个P	P2?	上月月初	判断能力下降	确保时间
逃避▶思考▶行动	练习=流程的重要性	P3?	下个月的庆典活动	工作效率降低	确保大脑正常思考问题

实际上，"变成傻瓜"这种表现形式在里普利的作品里根本没有出现过。

在上司陈先生和小张的人际关系中，用这种简明易懂的语言反而更容易说清问题，因此，才选择了这个词。

我之所以要追加介绍这个例子，是希望大家能够更深刻地理解"书并不是主角"的真正含义。

对于那些不动脑思考光是死读书的人而言，恐怕根本不会想到"竟然还能换成这个角度来思考问题"。

如果只是原封不动地引用书中的表现形式，对方根本就不会产生共鸣，从"为他人做贡献"的角度来看，这种读书方式是没有任何意义的。

正因为如此，我们才要名正言顺地转换书本语言的表达方式，避免出现机械引用、缺乏互动的局面。

是否可以将作者的语言转换成自己的话呢？

在现实生活中，许多人都会为"究竟用作者的原话，还是用自己理解的语言来表达想法"而感到迷茫，因此，在这里我将接着聊聊这个话题。

在"初级方法"中，并没有特别关注这一点。但是，随着对本书中提倡的学习方法接触越来越深，可能就会有读者朋友产生这种想法。

"我们能对作品原文中的语言做出这么大的改动吗？"

在现实生活中，人们往往会陷入一种思维定式，那就是如果不忠实于"表述一方"所用的语言，就会令人觉得这是"不正确的、错误的、不合理的"。

我认为这是学校教育的弊端之一。为了消除持这种观点的人的迷惑和疑虑，请大家看一看图6-7中列举的第二个实例。

在这个例子中，登场的人物是公司新入职的员工小刘和作为前辈负责指导帮带他的胡先生。作为重点介绍的框架图是由胡先生填写的。

根据人事部的委托规定，胡先生每两周要召开一次会议，对小刘的工作进展情况进行评估。

在按照这种机制运行了两个月后，小刘终于忍不住主动找到胡先生，说出了自己的真实想法：

"呃，请原谅我实话实说，在我之前的人生中，从来都没有成功实现自己所定目标的经历。每次您和我开会谈话时，您都能明确提出需要我去做的事情，对我而言，这是非常难得的锻炼机会。但是，令我感到万分羞愧的是就算您明确提出了要求，我还是一转头就忘记了，根本不知道应该怎么去做。"

第六章
传授秘诀！在工作中充分发挥作用的"一页纸贡献学习法"是什么？

图 6-7 英文书 *It works* 的实例：将作者的语言转化为自己的话

[时间] 11/11 [主题] It works	read 3 times	Who?	公司的新员工小刘		
thoughtless talkers or wishes	think often	P/W?	连实现目标最基本的方法都不知道，充满不安情绪		
must know what you want	Do not talk	PQ?	应该怎样做才能帮助他成为擅长实现目标的人呢？		
mysterious uncertain	decide details	1P?	通过下述三个步骤，可以"实现目标"		
Omnipotent power		3Q?	How?		
Concise statement		P1?	将目标明确写在纸上		
Definite plan		P2?	反复查看，逐渐养成习惯		
write down on paper		P3?	不要轻易对周围的人提起		

实际上，小刘一直处于一种头脑混沌的状态之中，根本就记不住上次会议中决定的事情，完全积累不下来经验，遇到事情总是不知道该如何表达自己的想法。

因此，作为入职时间较长的资深员工，胡先生就运用自己在美国留学时读过的帮助人实现梦想的经典名著——*It works* 中提

197

到的理论，向小刘提出了自己的建议。

如图6-7所示，他先画出了"一页纸"贡献学习法的框架图，并分别填写了"Who？""P/W？""PQ？"等空格，然后在迅速浏览*It works*的过程中，搜集并整理了有助于实现目标的关键词。

看到这张"一页纸"框架图后，有人或许会觉得大吃一惊，因为这是一本英文书。当然，大家完全可以只按照中文部分的内容去实践，根本不必过于担心。

之所以选用英文例子，是为了证明"任何内容都可以成为学习素材"这一理念，希望在最后表明"就算是外语内容也没有任何问题"的观点。

此外，在"秘诀"这一部分引用英文学习材料，本身还有另一层意思。

从背景来看，新入职的员工小刘根本就不会英语，而一页纸贡献学习法的主角却是小刘，并不是会英语的胡先生。

因此，胡先生是不能完全用英语来归纳总结"1P？"和"3Q？"的内容的。

这样一来，就只能按照图6-7的形式，用中文填写答案。

第六章
传授秘诀！在工作中充分发挥作用的"一页纸贡献学习法"是什么？

胡先生并不知道*It works*这本书究竟有没有中文版，因此，填写在框架图内的中文都是基于他个人理解的译文。

那么，在面对眼前这个实例时，刚才提到的那些为"能否改变作者的表现形式"而感到迷茫的人，究竟会怎么办呢？

如果想要原原本本地反映其世界观，就必须用"英文原文"来归纳"1P？"和"3Q？"的内容。

但是，这么做有一个明显的弊端，那就是根本就帮不上小刘。

可以说，这是一个极端的例子，因此，它反映出来的道理自然就非常明显了。

那就是应该将作者想要表达的信息转化成自己的语言。

与其纠结于"是否可以那么做"，不如为了自己和对方的"学习进步"，积极努力地去独立思考实践。

请大家切记，一定要彻底摆脱学校教育时期养成的学习观的束缚。

在商言商，既然都是商务人士，就必须将"有助于实现目标"摆在最优先的位置上，并将其转化为适当的语言。我们应该从现在做起，养成好的习惯，自觉将积极、主动采取措施当成对自己的最基本要求。

自由填写"3Q"的内容

在这个实例中,还有一点需要大家特别注意。

在图6-7的"3Q?"栏中,除了"How?"一栏以外,其他栏内并没有填写任何内容,都是空白栏,这究竟是为什么呢?

答案是正如第一个实例中解释的那样,完全可以不填对于展示说明而言毫无意义的部分。

在这次的实例中,"1P?"是"通过下述三个步骤,可以实现目标",因此,小刘提出的问题就只剩下"How?":"在实际场景中,应该如何运用三个步骤实现目标?"

在这种情况下,运用一页纸贡献学习法进行实践时,只需要填写"How?"就可以了。实际上,在现实生活中,这种情况屡见不鲜。

这是因为"一页纸"框架图的目的是解决问题或实现梦想,因此,自然就容易变成研究"采取什么行动才能解决或实现?"的归纳方法。

第六章
传授秘诀！在工作中充分发挥作用的"一页纸贡献学习法"是什么？

这样一来，当遇到从最开始就明确只需要填写"How？"的情况时，完全可以按照图6-8中框架图的填写方法实施。

在这种格式下，由于框架图右下角的空间变大了，因此，可以填写更为细化的信息内容。

图6-8 一页纸贡献学习法框架图的模板
——重视"HOW？"的升级版

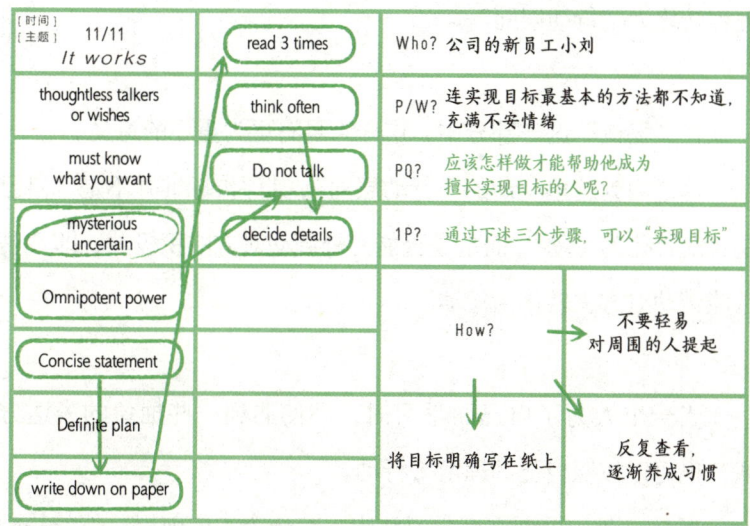

如果你觉得"这种方法更便于实践",就请充分发挥主观能动性,试着用填写"How?"空白栏替代"3Q?"空白栏的版本。

能够调动对方积极性的关键

按照这个流程,还剩下一个需要最后确认的关键点。

现在,我们将关注的焦点集中在了"How?"栏中,但是,正如"中级方法"中学到的那样,最重要的一点是如何将填写的内容转化为"行动层面"。

在"秘诀"这一部分中,这一点具有更为重要的意义。

这是因为这里所谓的"行动层面",其评价标准并不是"自己是否能转化为行动",而是是否能充分调动对方的积极性,即"是否能带动对方去转化为行动"。

当一个人为了自己而学习时,即使遇到一些抽象的表达方式,也可以按照自己的理解去行动。

但是,在一页纸贡献学习法中,有一个大的前提,那就是制作的"一页纸"是针对某个特定人进行解释说明的。如果这"一页纸"的表达方式无法解开对方心中的疑惑,就无法调动对方的积极性,也就无法带动对方开展行动。

因此,需要按照下述方式来补充语言表述的完整性,如图6-9所示。

- 将目标明确写在纸上
  → 用20个字左右的短句,将自己希望实现的目标明确写在纸上

图6-9 按照小刘可以顺利转化为行动的表现方式进行归纳总结

1P?	通过下述三个步骤,可以实现目标。	
How?		除了胡先生以外,绝对不要对周围的人提起
	用20个字左右的短句,将自己希望实现的目标明确地写在纸上	夹在笔记本电脑里,每天反复查看3次以上,逐渐养成习惯

- 反复查看，逐渐养成习惯
→夹在笔记本电脑里，确保每次打开时都能看到
- 不要轻易对周围的人提起
→除了胡先生以外，绝对不要对周围的人提起

通过这些表达方式，可以帮助小刘将学到的理论更加轻松地转化为行动。

剩下的就是试着解释清楚，在观察小刘反应的同时，可以根据实际情况再补充一些语言。

这么写出来后，看起来可能非常简单。但是，在现实生活中，缺乏"将理论落实到行动层面"意识的商务人士却不在少数。如果你试着实际做做看，可能就会真切地感受到"这么做的难度是超乎想象的"。

但是，如果能坚持填写"一页纸"框架图，通过反复练习积累经验，必然可以养成植根于内心的习惯，从而受益终身。通过大量的训练，可以提升个人的判断力和语言表达能力，从而不被作者的表达方式所束缚，更好地帮助周围的人将理论转化为实践。

在前文中，我们试着分析了两个实例，大家觉得怎么样呢？

第六章
传授秘诀！在工作中充分发挥作用的"一页纸贡献学习法"是什么？

我想肯定有人会萌发好奇心，感到刺激和兴奋，觉得"真有趣，我还是第一次接触到这种学习方法"。当然，也会有人觉得"嗯，他说的我都明白，但是，总觉得有点儿不现实"。针对持后一种观点的人，我想提一个严肃的问题，希望大家一定尽可能认真、坦诚、直率地回答。

有什么人是你想要帮助的吗？

这是一个非常简单的问题。但是，同时也非常有分量。

之所以这么说，是因为当你回答"没有"时，从之前定义的"工作"这个词来看，工作就变得没有任何意义了。

因此，哪怕数量再少，大家也有必要从周围找出"自己真心希望帮助的人"。

基于这一情况，在进入最后一个实例之前，我想补充介绍一个方法，帮助大家找到"自己希望帮助的人"。

在这里将使用"Excel1"，请大家参照图6-10。

正如大家所见，先按照"由于工作而产生关系的人"这一主题，用蓝笔具体列出人名（可以使用姓名的首字母或代称）。

图 6-10 找到自己希望帮助的人 "Excel1"

20XX.4.XX 由于工作而产生关系的人？		P/W？	这个人面临的问题和难题
A部长		市场占有率不断下降，但缺乏打开市场销路的有效方法	
B课长（圈出）		部门内缺乏合作	
小C		缺少干劲儿	
小D		加班过多	
客户E先生		总是忙得没有时间	
客户F先生（圈出）		经营模式拓展受限	
供应商G先生		年轻员工总是跳槽	

在列举时，可以只列举姓名的首字母或者用代称

从中选择三位自己认为关系相对亲密的人或者在日常生活中交往起来比较轻松融洽的人，并用红笔圈起来。

然后，在第一行第三列"P/W？ 这个人面临的问题和难题"对应的答案栏内，填写相应的答案。

但是，大家也不必勉强填满所有的空白栏。关于剩下的空白栏，可以先预设好"在这里究竟应该填什么才合适？"这一问

第六章
传授秘诀！在工作中充分发挥作用的"一页纸贡献学习法"是什么？

题，然后保持空白状态，暂时不去管"一页纸"框架图。

在这样处理之后，请按照平时的状态，与刚刚用红笔圈起来的人们一起工作生活。

于是，随着时间的推移，你就会发现有时在不经意的对话中，可能就会迸发出解决"在这里填什么才合适？"这一问题的答案，比如"哎呀，原来××先生正在为那件事感到为难啊！""确实，这是××先生所期待的事情吗？"等。

这是脑科学和心理学领域的理论，对此，我本人和许多人都有切身的经历和体会。人类有一个显著的特性，那就是<mark>"一旦明确了问题，就会一直追寻答案直到揭开谜底为止"</mark>。

当你填写好"Excel"表格，直接面对"在这里究竟应该填什么才合适？"这一问题后，剩下的基本就是在大脑中自动搜索问题的答案。

这种搜索行为本身并不都是有意识的，很多情况下是无意识的，因此，大家完全可以跟着感觉走，静观事态发展。

之后，如果能找到答案，就可以接着完成一页纸贡献学习法的框架图。

关于这种学习方法能否真正发挥作用，往往会受到多种因素

207

的影响。但是，就我个人的经验而言，受困于"心中没有希望帮助的对象"这一因素的人非常多，这一点可能出乎大家的预料。如果你属于这种类型，希望能通过上文中倡导的方法克服影响，真正实现解决问题的目标。

最后的实例

读到这里，大家觉得只需要填写"一页纸"的"可以充分运用到工作中的学习法"，到底效果如何呢？

通过上文的内容，我们对这种独具一格的学习方法的A to Z[①]，也就是"What？""Why？""How？"进行了彻底的说明。

・这种学习方法的优点是什么呢？

・为什么要学习这种方法呢？

・应该如何在实践中运用这种方法呢？

关于这一系列问题，我想大家心中肯定都有了明确的答案，应该能够对答如流了吧？

下面，我们就来分析一下最后一个实例吧！

虽说是实例分析，但是，下文中却再也不配附图了。这是因

---

① 指英文的第一个字母至最后一个字母，意思是覆盖了全部内容。

第六章
传授秘诀！在工作中充分发挥作用的"一页纸贡献学习法"是什么？

为最后的实例就是："以本书为题材，自己制作一页纸框架图"。

请在"为了总结本书中的学习方法"这一"P？"的指导下，试着填写20个字输入学习法的框架图。然后，用20个字左右的一句话，归纳出你最终从本书中学到的属于自己的知识。

接下来，请再画出3Q输出学习法的"一页纸"框架图，在"1P？"的位置，填写通过20个字输入学习法框架图归纳总结出来的观点。

在这个阶段，关于这个"1P？"，希望大家能从解决"三个疑问"的角度出发，进行分析思考，并归纳总结。

最后，请大家在以本书为素材的一页纸贡献学习法中，试着练习最终的归纳总结。

・你周围存在的不擅长学习的人；
・拼命学习却总是一无所成的人；
・学习的目的并不是帮助人，而是设计陷害人的人等。

如果你的心目中有个人是"想要推荐读一读这本书"的，那么，希望你能为了他制作一页纸贡献学习法的框架图。

在制成框架图后，请试着与那个人面对面地交流，解释清楚框架图的相关情况。

如果通过你的努力，可以帮助对方稍微改善一下所处的环境，朝着好的方向发展，就是值得兴奋和满足的。

还有什么是比这更有意义的读书体验呢？

希望那些实际经历过前后对照体验的人，一定要与我保持联系，将自己的学习心得和经验送至info@asadasuguru.com的邮箱中。

我希望通过读者朋友们亲手制作的"一页纸"框架图，来填补本书中最后的空白。

究竟怎样的实例分析才能吸引你读到最后呢？我真心期待着来自你的声音。

终章

找回"求知欲驱动"型学习的初心

学习的初心

在本书即将迎来最终篇章之际，我想向大家提一个问题。

当一个人丧失记忆时，最先想起来的问题是什么？

之前，我曾经多次向我的讲座的听众朋友们提这个问题，大家回复的答案几乎都是一个。恐怕你的答案也不会例外。

那就是"这是哪里？我是谁？"（ココハドコ？ワタシハダレ？）。

虽然在现实生活中大多数人都不会丧失记忆，但是，大家都能异口同声地想到这个句子。

那么，究竟为什么大家都会想起"这是哪里？我是谁？"这个问题呢？

针对这一点，我是这么思考的。请大家先将这句话中的假名转化为汉字。

ココハドコ→"世界"究竟是什么？
ワタシハダレ→"人"究竟是什么？

那么，为什么我们总是希望彻底明确"世界观"和"人性观"呢？这是因为只要这"两观"是正的，就可以帮助大家掌好人生的舵，从而树立正确的"人生观"，真正解决"按照什么方式生活下去"的问题。

==因为要树立牢固的"世界观""人性观""人生观"，所以才"想学习"。==

我想每个人生来都具备这种基本的求知欲。

实际上，在第二章探讨"修养热"的话题中，已经涉及了这个关键词。在这里，将基于求知欲的学习，定义为=="求知欲驱动"==型学习。

在做出这一定义的基础上，请大家允许我分享一下自己对于时代的认识。

现在许多商务人士往往会主动屏蔽这种"求知欲驱动"型学习。对于这一点，我是不能认同的。

在步入社会后，仍然坚持自觉学习的人本就凤毛麟角。

再加上醉心于自学的人往往会被贴上"装模作样"的标签，成为大家嘲讽的对象，因此，积极好学的人就变得更少了。

那么，究竟为什么会出现这种现象呢？

终章
找回"求知欲驱动"型学习的初心

究其本质是因为"实用主义驱动"型学习之风盛行,将人们原本拥有的"求知欲驱动"型学习扼杀在萌芽状态的缘故。

这就是我针对这个问题的个人见解。

"实用主义驱动"型学习是指"为了考上好的大学、进入好的公司、谋求好的职业规划而积极学习"的学习观。

只是在现实生活中,"为了谋求更好的职业规划"这一部分占的比例非常小,对于绝大多数的人而言,这种学习观的终点就是"到进入好的公司为止"。

因此,在就业后,就会逐渐丧失学习的目的和动力,导致学习的进取心最终枯竭。

实际上,在打工的那个时期,我总是能听到同事们发表下述意见。

"明明已经毕业了,告别了学生时代,为什么还必须学习呢?"

"真不知道你现在这么努力学习的动力是什么啊!令人觉得不可思议!"

"既然已经进入了丰田这样的大企业工作,应该可以不用再学习了!"

215

在这些发言的背后，潜藏着一个根深蒂固的观念，即"学习只不过是为了获取必要经历的手段而已"。我真正用语言明确总结出这一观点，已经是步入而立之年以后的事情了。

其实，在进入社会工作后仍然坚持学习的人中间，也不乏"将学习当作实现好的职业规划的敲门砖"的"实用主义驱动"型学习观的拥趸。

最典型的例子就是考取各种资格认证。

这是因为人们往往会形成一种思维定式，觉得通过获得"资格认证"这一值得炫耀的"经历"，可以帮助自己的人生之路越走越顺。实际上，这种学习观从本质上还保持着学生时代应试教育的状态。

读到这里，你可能会怀疑我到底想要说什么。

我希望商务人士们能够摆脱"实用主义驱动"型学习观的束缚，从根本上树立"求知欲驱动"型学习观。

每个人都希望自己能把握"世界观""人性观""人生观"，踏踏实实地走好人生之路。

正因为如此，当学习到可以反映事物本质的知识时，会刺激人的求知欲，令人感到"满足和快乐"。

子曰："学而时习之，不亦说乎？"学习是一件让人快乐的事。

终章
找回"求知欲驱动"型学习的初心

我们应该抛弃"实用主义"这一思维定式，重新找回"求知欲"刺激的感觉。

在本书中，介绍了许多用20个字左右概括的事物本质。

我希望本书的读者通过学习这些知识，改变信奉"实用主义驱动"型学习观，体会到"学习的乐趣"。

在创作本书的过程中，我秉承带给读者触动与刺激的理念，全力以赴阐明自己的观点。

对于那些已经找回"学习是快乐的"这种感觉的读者，我也希望他们能够更进一步，充分认识到"求知欲驱动"型学习观的利弊所在以及"自我满足"型学习观难以在工作中充分发挥作用的现实情况。对此，我有深切的体会。

学习是快乐的，这是一个客观事实，对此我有强烈的共鸣。

只是从信奉工作的本质是"令周围的人感到轻松愉快"的工作观来看，"光是自己快乐"是远远不够的。

由于感到快乐，就容易陷入快乐的温柔乡中无法自拔，从而丧失奋斗的动力和欲望。

这是人们无法将学到的知识充分运用到工作中的最大理由，但是大家往往意识不到这一点。

我总想通过自己的行动唤醒陷入这一困局的读者。

完成从"实用主义驱动"型学习观向"求知欲驱动"型学习观的转变。

在这一过程中,要坚决避免陷入"自我满足"型学习的陷阱,努力向"为他人贡献"型学习转型。

为了帮助读者朋友们接受这一学习观,我竭尽全力认真思考,逐字斟酌。最终,总结出了可以在"行动"层面实践的方法。

在我写这本书的时候,已经有一个接近两岁的孩子了。

那个阶段正是他享受爆炸式学习带来的快乐的最佳时期。

每次当他从睡梦中醒来,都会展现出令我和妻子感到惊讶的成长进步。

每当遇到新的语言、场所、人和概念时,他都会感到兴奋无比,从而绽放出最满意的笑容。每次看到这个情形,我都会受到深刻的启发。

真正体会到"学习本来就是快乐的"。

鉴于当今社会的状况,我并没有否定为了"满足获得个人履历"而学习这种行为的想法。令人感到遗憾的是,在我们身处的社会中,这种学习观仍有存在的必要,而且将延续下去。有时,甚至会出现"不得不努力苦学"的情况和局面。

只是由于这个原因就忘记"学习带来的快乐"的成年人,正

终章
找回"求知欲驱动"型学习的初心

在以令人惊讶的速度不断增加,已经变成了一个不得不引起重视的社会现象。

当孩子们长大时,总会有一些看起来深谙世事的人给他们泼冷水,讽刺说:"进入社会后还想着学习,你还真是觉悟高啊!"

我不想给孩子们留下这种工作环境。

因此,我衷心希望认真实践本书内容的商务人士变得越来越多。

这样一来,被成功转变意识的人们就会对本书中的价值观产生共鸣,积极推动这种学习观向更广的范围传播,从而不断减少丧失求知欲的人的数量。

==长大成人后,学习依然是快乐的!==

==但是,如果想将学到的知识充分运用到工作中,就必须尊重"为他人做贡献"这一前提。==

快乐学习、帮助他人,取得社会地位和经济利益的双丰收,度过幸福而有意义的人生,还有什么是比这更"快乐"的事情呢?

我自身一直向往着这样的职业生涯,也希望将这种理念传递给自己的子孙后代。

在现实生活中,你留给周围的人们的印象是什么样的呢?今后能有所改善吗？

我衷心祝愿主动学习能帮助你和你周围的人们过上幸福的生活。为了实现这一目标，我才决定提笔创作本书。如果通过阅读本书能够令你"周围"的人感到些许"轻松快乐"，对我而言就是最大的欣慰。

最后，我要对一直读到文末的读者朋友们致以最衷心的感谢！

终章
找回"求知欲驱动"型学习的初心

后 记

在出版本书时,幸得软银创意株式会社的编辑多根由希绘先生的大力帮助,没有他的支持我断然无法实现自己的出书梦。与出版的版本相比,这本书的原稿经过了大幅修改,说是脱胎换骨也不为过。

在出版前的关键时期,幸得多根先生适时给出了宝贵的反馈意见。多根先生不愧是连续推出畅销书的编辑,提出的意见切中要害、针针见血。通过此次合作,我自身也得到了飞跃式的提升,实现了自我能力的突破。在此,对多根先生致以衷心的感谢。

此外,我是经原麦肯锡公司的大岛祥誉先生引荐而与多根先生相识的。在这里还有一点需要特别感谢,我与大岛先生是通过杂志策划的谈话节目相识的,因此,我要对日本当代出版社提供的平台和机会表示诚挚的感谢。

那么,为什么我能得到日本当代出版社提供的关于漫画化话题的采访邀请呢?这是因为日标出版社之前出了我的一本书的缘故……在我出书的过程中，给予支持和帮助的人实在是太多了，如果这样逐一致谢的话，恐怕这本书的一大半篇幅都会变成与感谢相关的内容。万般无奈之下，关于感谢的话，我将深藏于心中，在此就不再一一赘述了。

在我心中，始终有一个信条，那就是：

<mark>真正给予机会的是除了自己以外的其他人。</mark>

我总是将这18个字铭记于心，今后还将继续坚持，激励自己全力以赴争取"为他人多做贡献"。

最后，我最想感谢的是身边默默支持我的人们！首先，我要感谢与我相濡以沫、互为知音的妻子。然后，我要感谢以父母和幼儿园老师们为代表的亲人和朋友们，他们在日常生活中给了我无微不至的关怀和坚定有力的支持。正因为有了大家的无私帮助，我才能完成本书的创作。

在此，再次向大家致以衷心的谢意！

浅田卓

练习

练习1：20个字输入学习法的框架图

【主题】【时间】							
		1P？→					
	20						P？

练习2：3Q 输出法的框架图

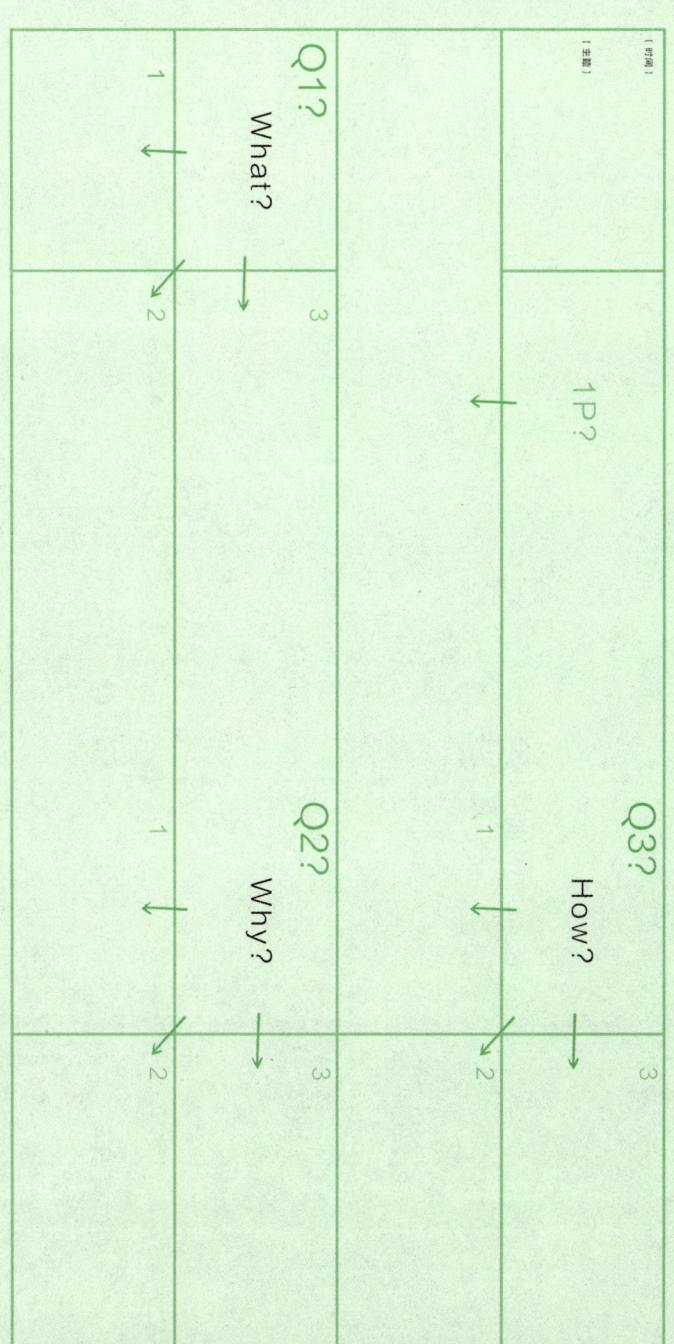

练习3：一页纸贡献学习法的框架图

[时间]

[主题]

							Who?
							P/W?
							PQ?
				1P?			
			3Q?	What?			
		P1?		Why?			
	P2?			How?			
P3?							

229